AUTISMO
DA JANELA PARA O MUNDO

Editora Appris Ltda.
1.ª Edição - Copyright© 2023 da autora
Direitos de Edição Reservados à Editora Appris Ltda.

Nenhuma parte desta obra poderá ser utilizada indevidamente, sem estar de acordo com a Lei n° 9.610/98. Se incorreções forem encontradas, serão de exclusiva responsabilidade de seus organizadores. Foi realizado o Depósito Legal na Fundação Biblioteca Nacional, de acordo com as Leis n°s 10.994, de 14/12/2004, e 12.192, de 14/01/2010.

Catalogação na Fonte
Elaborado por: Josefina A. S. Guedes
Bibliotecária CRB 9/870

A659a
2023

Aragão, Jacqueline
   Autismo da janela para o mundo / Jacqueline Aragão. - 1. ed. Curitiba : Appris, 2023.
   218 p. ; 23 cm.

ISBN 978-65-250-2282-6

1. Memória autobiográfica. 2. Autismo. I. Título.

CDD – 808.06692

Appris editora

Editora e Livraria Appris Ltda.
Av. Manoel Ribas, 2265 – Mercês
Curitiba/PR – CEP: 80810-002
Tel. (41) 3156 - 4731
www.editoraappris.com.br

Printed in Brazil
Impresso no Brasil

Jacqueline Aragão

AUTISMO
DA JANELA PARA O MUNDO

FICHA TÉCNICA

EDITORIAL	Augusto V. de A. Coelho
	Marli Caetano
	Sara C. de Andrade Coelho
COMITÊ EDITORIAL	Andréa Barbosa Gouveia - UFPR
	Edmeire C. Pereira - UFPR
	Iraneide da Silva - UFC
	Jacques de Lima Ferreira - UP
ASSESSORIA EDITORIAL	Renata Cristina Miccelli
REVISÃO	Andrea Bassoto Gatto
PRODUÇÃO EDITORIAL	Isabela Bastos Calegari
DIAGRAMAÇÃO	Jhonny Alves dos Reis
CAPA	Sheila Alves
PINTURA DA CAPA	Eduardo Aragão
DESENHOS	William Barreto
COMUNICAÇÃO	Carlos Eduardo Pereira
	Débora Nazário
	Karla Pipolo Olegário
LIVRARIAS E EVENTOS	Estevão Misael
GERÊNCIA DE FINANÇAS	Selma Maria Fernandes do Valle

Para Eduardo
A sua diferença me fez ver o valor
do silêncio,
da paciência,
do tempo,
do amor...
Amo você sempre!

É possível desistir de um sonho, apenas por outro sonho ainda melhor!
(Fábio Leto)

Apresentação

A diversidade de livros, monografias, artigos e textos sobre criança especial, bebê prematuro etc., é muito extensa e bastante diversificada, com abordagens diferentes. A quantidade de informações teóricas, obtidas em longas conversas com profissionais da área de saúde, palestras, livros, artigos científicos, textos de jornais a que tive acesso sobre crianças diferentes, foi de fundamental importância para que eu aceitasse e compreendesse o mundo do meu filho Eduardo.

Essas leituras, além de me mostrarem um mundo, para mim até então desconhecido, foram motivadores para que eu fizesse observações e anotações, ao longo de 24 anos, sobre o Eduardo, que possibilitaram a escrita deste livro.

Gostaria de compartilhar com você, leitor(a), a minha experiência de vida, as minhas dúvidas, as descobertas, a esperança do mundo inocente das crianças, em especial dos anjos diferentes, como o meu querido Eduardo.

Em momento algum pensei em competir com os profissionais da área de saúde. Seria muita pretensão da minha parte, já que a minha formação é em arquitetura. Sou mãe de dois meninos, sendo um deles diferente. Meu objetivo, ao escrever este livro, foi compartilhar com você a minha tentativa de entrar no EU do Eduardo para relatar seu sentimento, sua percepção do mundo, da família, e o que se passa em seu interior. Tenho a certeza de que, além de ingênuo, é belo e desafiador, cheio de perguntas e interrogações, as quais tentarei descrever.

Procurei, em cada capítulo, descrever a minha busca por querer acertar, a busca incessante por novas terapias que pudessem auxiliar na independência do Eduardo, descrevendo os meus sentimentos, em alguns momentos, de profunda frustração e de impotência diante de determinadas situações, fazendo-me compreender o significado da verdadeira fé.

É importante ressaltar que a ideia de escrever este livro veio da psicóloga Silvana Barros, que acompanhou Eduardo desde a infância, e do incentivo de vários profissionais que acompanharam e acompanham Eduardo em seu dia a dia, bem como de amigos que convivem com a minha família.

Acrescento o benefício da minha própria experiência. Os últimos anos de minha vida foram dedicados a entender, aceitar e viver o dia a dia com o Eduardo, fazendo um enorme esforço para dar a devida atenção ao meu outro filho, Felipe, e um exercício ainda maior de procurar, em família, superar todas as dificuldades e, até mesmo, mudar as rotinas do nosso dia a dia em função das dificuldades dele.

Posso citar alguns exemplos adaptativos interessantes, quais sejam: em que lado colocar a escova de dentes na pia do banheiro, não ter peças de enfeites espalhadas em casa, trocar armários de roupa por *closet*, uma vez que este não precisa de porta, usar copos de vidro com uma base maior de apoio, não deixar objetos considerados perigosos em qualquer lugar etc.

É oportuno citar, inclusive, a necessidade em contratar uma professora particular para o Felipe, que, em sua primeira infância, não conseguia entender por que o Edu, como ele o chama, tinha tantas professoras, tantas saídas para atendimentos terapêuticos, enquanto ele, nenhuma.

Felipe nos dizia que queria ser igual ao irmão Edu, e quando solicitávamos dele a razão de tal colocação, sua resposta era, simplesmente: *"Ele tem muitas professoras, tem mais atenção sua e do papai"*. Conforme os anos foram passando, Felipe percebeu que suas tarefas eram mais difíceis que a do irmão e que nós cobrávamos pouco do Edu, ao passo que, dele, solicitávamos mais empenho e maior dedicação aos estudos.

Enfim, aprendemos o real sentido da fraternidade e o comprometimento de cada um de nós com um ambiente de solidariedade, de felicidade, de amizade, de amor, de união. Não foi fácil! Aprendemos a valorizar e a estimular os progressos do Eduardo. Sei que ainda tenho muito que aprender e que a caminhada, além de longa, é preocupante, principalmente, à medida que envelhecemos.

Espero que o meu testemunho e a minha vivência possam lhe ser útil para ajudá-lo(a) a compreender e a respeitar o diferente. E que eu possa transmitir a você como a arte mudou a vida do Eduardo, seu interesse, sua sensibilidade, quem sabe, por ele se sentir produtivo.

Jacqueline Aragão
A autora

Prefácio

Emoções, sonhos, realidade, inspiração, inquietação, compaixão, admiração, reflexão... Estas são as sensações que o(a) leitor(a) irá experimentar ao proceder à leitura dos registros de uma mãe sobre a trajetória de vida e as relações familiares e sociais de seu filho autista, até que a arte em cores despontou como perspectiva de abrir novas janelas e inovar um horizonte cujo panorama não se tem como prever, mas vislumbra esperanças para sonhá-lo.

No livro, a mãe autora, Jacqueline, expõe os mais íntimos segredos de suas percepções, sentimentos e descrições de situações cotidianas que deixaram marcas em sua memória e que envolvem o "mundo" do Eduardo.

Conheci Jacqueline no início do seu décimo ano de vida, como irmã do Pedro, na época meu namorado e depois marido. Minha percepção era a de estar frente a uma menina meiga, de expressões frágeis e olhar indagativo, a mais quietinha de uma prole de oito irmãos.

Sua qualidade curiosa sinalizava para um futuro adulto que não se contentaria com respostas evasivas ou com a falta delas, mas seu porte delicado não dava indícios de que seria uma mulher singularmente corajosa, robusta, envolvida por uma dedicada busca de soluções para seus questionamentos e pela produção de perspectivas que abrissem as janelas de seu filho para o mundo.

Eduardo passou toda a infância e a adolescência sem um diagnóstico decisivo. Já no percurso da vida jovem, teve uma definição médica que o reconheceu como pessoa com Transtorno do Espectro Autista (TEA), sem, porém, uma certeza sobre o nível de TEA.

Entre dúvidas, expectativas, buscas, respostas evasivas, diagnósticos imprecisos, decepções e aprendizados, Jacqueline desenvolveu intensa força e, com a propriedade de quem aprende com a vida, administra, com o apoio de seu marido, Iram, e do filho Felipe, pai e irmão do Eduardo, respectivamente, o cotidiano de uma vida imbricada na busca de soluções para a integração da criança e, posteriormente, jovem, numa sociedade com tênues espaços para o que é ou quem é diferente dos padrões determinados por aqueles que se dizem "normais".

Neste livro, Jacqueline desvela seus segredos, oferecendo depoimentos que exibem a trajetória de vida entrelaçada com profundos sentimentos que afloraram em situações complexas, em rotinas planejadas, mas com percursos atravessados por fatos surpreendentes, envolvendo miscelânea de conquistas, fracassos, progressos, retrocessos, vitórias, acolhimentos, insensibilidades, compreensão, afastamento, intolerância, desconcerto, amor, união, gratidão...

Suas palavras revelam o que os olhos de todos que passaram pela vida do Eduardo e sua família não viram. São palavras que confidenciam o âmago do coração. Tem-se, assim, uma história real de vida, enredada com honestidade, rica em ensinamentos e que provoca profundas reflexões.

Trata-se, portanto, de um livro direcionado a familiares, professores, médicos, terapeutas, cuidadores, enfim, a todos aqueles que lidam direta ou indiretamente com crianças e jovens com TEA, e também é endereçado a pessoas sensíveis, que respeitam a diversidade natural das mentes humanas, buscando conhecer as problemáticas reais vividas pelo outro numa perspectiva de agregá-lo à vida social.

Em acordo com a Unesco,[1] como estimativa mundial, uma em cada 20 crianças com 14 anos de idade ou menos vivem com algum tipo de deficiência, seja ela moderada ou grave. Embora pareça uma estimativa inexpressível, as problemáticas se ampliam quando a vida de todas elas é desagregada do cotidiano da sociedade. Junto às famílias, somos, portanto, responsáveis!

O livro é dividido em quinze capítulos. Cada um deles apresenta um foco, ora tendo como base períodos de vida, da gestação à fase adulta do Eduardo, ora focalizando as relações humanas com profissionais da saúde e da escola, com a família, amigos e sociedade em geral. É fascinante e emocionante acompanhar essa história.

Em particular, dentre as relações do Eduardo com o mundo, fui agraciada duas vezes pela confiança e amizade de Jacqueline, compartilhada pelo Iram. A primeira vez foi quando eles nos confiaram, a mim e ao Pedro, os cuidados do Eduardo e seu irmão Felipe, em raro momento em que o casal saiu de férias para o exterior.

Do Paraná saímos para o Ceará com o objetivo de "cuidar" dos meninos. Foram dias incríveis! Senti-me, em verdade, cuidada por aqueles dois seres que transbordavam amor e apego para com os tios que viviam à distância.

---

[1] Disponível em: https://memoria.ebc.com.br/noticias/internacional/2013/06/relatorio-do-unicef-aponta-exclusao-da-crianca-com-deficiencia. Acesso em: 4 maio 2021.

O que Eduardo nos ensinou palavras não expressam. Como exprimir o que é amor ingênuo, sem moeda de troca? Como descrever o carinho, os olhares, as expressões com que aquela criança singular cativou nossos corações? Conviver o dia a dia do Eduardo e Felipe foi uma das mais belas passagens de nossas vidas.

A segunda vez que Jacqueline me prestigiou com muita estima foi fazendo o convite para a escrita deste texto. Sinto-me honrada em prefaciar este livro e orgulhosa de ter a família Carvalho em minha vida.

À Jacqueline, minha eterna consideração. Ao(À) leitor(a), o desejo de que desfrute deste livro toda a riqueza de informações, sentimentos e reflexões que ele proporciona e que possa, também, perceber, por meio dos textos, a sensibilidade e a generosidade de Jacqueline ao nos agraciar com esta obra.

Heliete Meira Coelho Arruda Aragão
Mestre na área de Educação, professora aposentada, autora de livros didáticos e de formação docente. Como educadora, assessora e ministra cursos de formação de professores e de orientação de currículos em escolas públicas e particulares.

Sumário

1 — Felicidade 21

2 — O ano de 1989 25

3 — A essência da vida 29

4 — A força interior 33

5 — O nascimento 37

6 — Novas rotinas de vida 45

7 — À espera de uma certeza 59

8 — A importância dos terapeutas 69

9 — A escola como parceira 85

10 — Enfrentando a discriminação 109

11 — A aceitação 123

12 — Convivendo com as adversidades 135

13 — A Família como alicerce 147

14 — O encontro com a arte 159

15 — Passado, presente e futuro 177

    Agradecimentos 187

    Obras de arte por exposições 195

1
Felicidade

> *O amor não é algo que pode ser ensinado, mas é a coisa mais importante que deve ser aprendida.*
>
> (São João Paulo II [1920-2005]).

Cresci ouvindo uma frase da minha mãe que passou a ser para mim uma lei sempre presente na minha vida: *"Minha filha, a nossa felicidade é a gente que faz. Se você quer transformar sua vida num inferno, você a transformará. E se você quer ser feliz, você será. E acrescento que o único parente que você escolhe é o seu marido. Os outros entram na sua vida sem pedir licença, pois fazem parte dela".*

Simples assim! Apenas ser feliz é tudo que buscamos, sonhamos e perseguimos na vida. Felicidade!

Sair da nossa zona de conforto quando adolescentes e no início da vida adulta é tudo que queremos. Adolescentes querem liberdade, independência, viver novas experiências etc.

Sou romântica por natureza e acredito que, como todas ou quase todas as mulheres, sonhei com uma vida a dois, de amor, de compromisso, não necessariamente de um casamento formal, com cartório, igreja, festa, padrinhos e tudo mais.

Meu marido, eu conheci, namorei, noivei e, em seis meses, casei-me, de forma bem tradicional, com igreja, festa, padrinhos etc. E ainda me mudei de Brasília (DF) para Fortaleza (CE). Oba! Independência!

Construí uma família. Estou casada há 27 anos e tenho dois filhos: Eduardo e Felipe. Não posso me esquecer de que tive um parto prematuro, com cinco meses de gestação, antes do meu primeiro filho, e perdi a criança. Era uma menina, que, se tivesse sobrevivido, hoje estaria com 25 anos. O tempo passa e não percebemos. Nossa vida vai mudando, vão entrando pessoas novas e também vamos perdendo pessoas queridas, amigos, irmãos, pais, parentes.

A música "Aquarela", do Toquinho, retrata muito bem a nossa caminhada na vida:

> *E o futuro é uma astronave*
> *Que tentamos pilotar*
> *Não tem tempo, nem piedade*
> *Nem tem hora de chegar*
> *Sem pedir licença*
> *Muda a nossa vida*
> *E depois convida*
> *A rir ou chorar...*
> *Nessa estrada não nos cabe*
> *Conhecer ou ver o que virá*
> *O fim dela ninguém sabe*
> *Bem ao certo onde vai dar*
> *Vamos todos*
> *Numa linda passarela*
> *De uma aquarela*
> *Que um dia enfim*
> *Descolorirá ...*[2]

Convido você a embarcar comigo na minha astronave e participar da minha história de vida. Espero que quando você encontrar uma pessoa diferente dos nossos padrões não pense que ela é doente, somente diferente. Acredito que, com esse gesto, você estará contribuindo e nos ajudando em nossa caminhada especial. Vamos nessa...

---

[2] Disponível em: www.letras.mus.br/toquinho/49095/. Acesso em: 03 maio 2021.

2
O ano de 1989

> *Fazer de cada momento uma vida e da vida um único momento, isso é felicidade.*
> *(Pe. Roque Schneider).*

Minhas primeiras férias depois que comecei a trabalhar com carteira assinada, com o cargo de arquiteta, formada havia quatro anos, e com todos os direitos trabalhistas, inclusive abono salarial de férias garantido, só me trouxeram alegrias...

Estava muito feliz! Havia programado uma viagem para Praia Bela (SP) com uma amiga, depois das festividades de fim de ano, que iria passar com a minha família em Teresópolis (RJ). Tudo pronto, mala no carro do meu pai, partiríamos de carro de Brasília para Teresópolis no dia 22 de dezembro de 1988.

Um dia antes de viajarmos, uma prima me ligou perguntando se eu queria ir para Fortaleza, acompanhando seus três filhos, para passar o Natal e o Ano Novo com os nossos avós. Por algum motivo, ela tinha desistido e eu iria em seu lugar, com passagem para 23 de dezembro de 1988 e retorno no dia 10 de janeiro de 1989.

Não pensei duas vezes. Concordei imediatamente. Queria umas férias diferentes das outras e a viagem para Praia Bela era somente em janeiro. Daria tudo certo porque de Fortaleza eu iria para Brasília e, de lá, para São Paulo. Em Fortaleza morava uma prima, a Cristina, com quem saí todos os dias.

Ainda me lembro como se fosse hoje da nossa ida à Praia do Futuro, na barraca de praia do Chico do Caranguejo, um lugar turístico bastante aprazível. Nessa barraca encontrava-se uma turma grande de amigos dessa minha prima. Eu estava em pé, encostada numa mesa, apreciando aquela movimentação, com o pensamento distante, quando um rapaz disse:

– Oi! Você não é daqui. De onde você é?
– Não, moro em Brasília.
– Onde você mora em Brasília?
– Você conhece Brasília?

– Não.

– Então não adianta eu dizer onde moro.

E ele foi embora.

Fiquei sem saber quem era e sem entender por que ele saiu, mas fiquei conversando com as outras pessoas até o fim da noite.

Transcorrida uma semana, uma amiga da minha prima nos convidou para passar o final de semana em Paracuru, praia no litoral oeste do Ceará, na casa de um amigo.

Chegando à casa, tomei um grande susto, pois quem nos recebeu? O rapaz que se aproximou e depois foi embora quando eu estava na barraca do Chico do Caranguejo.

– Oi! Fiquem à vontade. A casa é de vocês!

Ele nos ajudou na retirada das malas do carro e foi muito cortês, levando-nos em seguida para a praia. Foi, então, que nos apresentamos devidamente – Iram e Jack –, e fiquei conversando com ele o resto do dia. À noite fomos dançar no Forró do Aureni. O forró era uma dança totalmente nova para mim. Iram me ensinou alguns passos e acabamos dançando a noite toda. Então ele, inesperadamente, disse-me:

– Vou me casar com você!

Como não poderia ser diferente, comecei a rir. Ri por um bom tempo, achando que ele era bem pretensioso, pois eu mal o conhecia e não sabia absolutamente nada a respeito dele. Ele me disse:

– Não ria. É verdade. Eu vou me casar com você. Sinto isso!

Nesse momento, lembrei que meu irmão mais velho, o Pedro, falou algo semelhante quando viu pela primeira vez a minha cunhada, a Heliete, sentada ao lado da minha irmã Márcia,[3] no ônibus que os levaria para jogar na cidade de Angra dos Reis (RJ). Mas, no caso do meu irmão, ele falou para meu primo, Zé Nelson.

– Zé, você viu aquela menina ao lado de Márcia? Cara, eu vou casar com essa menina!

Tal como eu, o Zé começou a rir.

No domingo voltamos para Fortaleza. Tinha acabado de entrar na casa dos meus avós quando ouvi o telefone tocar. *"Jack, é para você!"*. Ao atender, tomei um susto, pois era o Iram me convidando para sair no dia seguinte. Ele me levou à casa de shows "O Pirata", uma casa de forró muito popular,

---

[3] Essa minha irmã, a Márcia, faleceu muito prematuramente.

também conhecida como "a segunda-feira mais famosa do Ceará". Após fazer algum charme – vou, não vou –, aceitei o convite, pois iria retornar a Brasília na quarta-feira.

Iram acabou me conquistando. Precisei, por isso, adiar a minha viagem de retorno para sexta-feira. Ele me levou para o aeroporto na sexta-feira, mas me pedindo o tempo todo para eu ficar. Chegando ao aeroporto consegui alterar o voo mais uma vez, para domingo, às 13h.

Pela terceira vez fui ao aeroporto, ele me pedindo muito para ficar, mas não consegui mais alterar minha passagem. Quando estávamos no aeroporto, esperando o horário do embarque, ele me disse:

– Você fica aqui. Eu vou ao banheiro.

– Ok. Não demora!

Quando ele voltou, trazia uma passagem na mão.

– Como você disse que só começará a trabalhar daqui a uma semana, eu comprei uma passagem para você viajar somente no próximo domingo.

– Você é louco!

Adorei! E ficamos mais uma semana juntos.

Acho que o amor acontece sem que você esteja esperando. Em fevereiro, Iram foi passar suas férias em Brasília, quando, então, ficamos noivos. Nós nos falávamos todos os dias por telefone – na época, telefone fixo. Em maio, voltei a Fortaleza para escolher e comprar os móveis para o nosso apartamento. Nós nos casamos em julho do mesmo ano, em Brasília.

Descrevi aqui como eu e o Iram nos conhecemos com a intenção de mostrar que o amor não tem uma explicação racional. Acho que Deus quis que essa história fosse a nossa. É importante dizer que assim como passamos por momentos de plena felicidade também passamos por instantes que nos machucaram profundamente.

Acredito que exista alguma razão para que algumas pessoas entrem em nossas vidas, pois o universo, de alguma forma, conspira para que nos encontremos. No nosso caso, começou com a nossa aproximação e, então, conhecendo-nos um ao outro, tendo-nos por inteiro, compartilhando sentimentos de amor, de amizade, conseguimos cumprir nossa maior missão.

Amar ao próximo como a ti mesmo.
(Marcos 12:31).

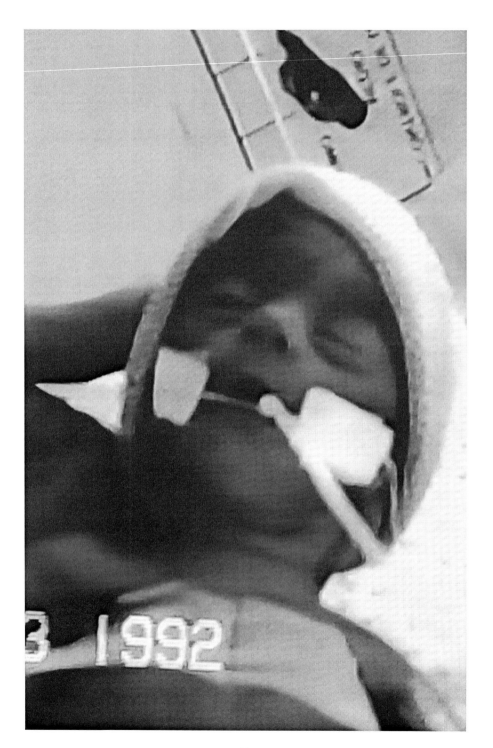

3
A essência da vida

> *No amor e na fé encontramos as forças necessárias para encontrar a nossa missão.*
> *(Irmã Dulce dos Pobres [1914-1992]).*

Há muito tempo li esta frase, da qual não sei quem é o autor, mas que me tocou profundamente, pois fala da felicidade:

> *A felicidade consiste em ter um ideal a buscar e ter a certeza de estar dando passos firmes no caminho dessa busca.*

Há anos vinha pensando em escrever minha experiência de vida com meu filho Eduardo. Tive a força e o incentivo da psicóloga Silvana Barros, que achou uma ótima ideia e uma forma de aprendizado para outros pais e profissionais que lidam com crianças especiais no dia a dia.

Um dos aprendizados mais importantes é que essas crianças não são doentes, como muitos pensam, apenas diferentes, fora do padrão convencional do que é considerado normal. Mas o que é ser normal? Ao longo dos anos venho me fazendo essa pergunta, que estatística parâmetro é esse, se cada criança desenvolve suas individualidades de acordo com a influência do seu meio, com a educação que lhe é oferecida e com o ambiente de convivência com pais ou responsáveis. As crianças são puras por sua própria natureza. Para qualquer criança, ter o amor e a compreensão dos pais ou responsáveis é fator preponderante para seu desenvolvimento e sua preparação para a vida adulta.

Imagine você recebendo a notícia de estar gerando um bebê. Para uma mulher não existe notícia que a torne mais completa, no sentido real da palavra. A partir desse momento, inicia-se uma nova fase na vida da mulher, a mulher-mãe. Quem já teve a dádiva dessa experiência sabe do que estou falando. Gerar um bebê é algo surpreendente, desde o momento da concepção até o nascimento.

Antes de continuar a descrever a experiência que quero lhes transmitir, quero citar este pensamento de Antoine de Saint-Exupéry (1900-1944):

O essencial da nossa vida é que fique em algum lugar o fruto da nossa bondade.

Quando penso na nossa existência, a essência da nossa vida, muitas dúvidas e interrogações surgem e um verdadeiro filme passa pela minha mente. Escolhi começar por este tema procurando mostrar que nossa vida tem um sentido e que esse sentido está dentro dos planos de Deus. O ser humano vem ao mundo com uma missão. O existir já é uma grande missão.

Sou a quinta filha de um casal que começou sua caminhada de vida no interior do Ceará – um olhar, um encontro, uma amizade e, de repente, uma família, cheia de sonhos, planos etc. Passei minha infância e minha adolescência numa cidade cujas montanhas posso dizer que foram desenhadas por Deus, tais como: o Dedo de Deus, a Verruga do Frade, a Mulher de Pedra, a Serra dos Cavalos, a Pedra do Sino, dentre inúmeras outras.

Morávamos no interior de uma floresta: o "Parque Nacional da Serra dos Órgãos", em Teresópolis-RJ. Um verdadeiro paraíso para quem quer que seja, principalmente, as crianças. Nesse cenário, eu e meus irmãos tivemos a oportunidade de vivermos nossa infância, e eu parte de minha adolescência, num ambiente muito saudável, ilimitado em número de brincadeiras, de descobertas da própria natureza, cercados do amor e do carinho de meus pais.

Passados alguns anos, meu pai, funcionário público federal, foi transferido e, por isso, fomos morar em Brasília.

Eu já estava, então, com 18 anos, cursando Arquitetura e Urbanismo na Universidade de Brasília (UnB). Um belo dia, numa viagem de férias a Fortaleza, que não estava inicialmente em meus planos, como relatei anteriormente, conheci, de uma forma não muito convencional, meu marido. Encontros, carinhos, conversas, namoro, noivado e casamento, num curto período de seis meses... Já estava escrito nas estrelas nosso sonho de amor, como diz a letra daquela música interpretada por Tetê Espíndola – "Escrito nas estrelas".

Você pra mim foi o sol
De uma noite sem fim
Que acendeu o que sou
E renasceu tudo em mim
Agora eu sei muito bem
Que eu nasci só pra ser
Sua parceira, seu bem
E só morrer de prazer

Caso do acaso
Bem marcado em cartas de tarô

Meu amor, esse amor
De cartas claras sobre a mesa
É assim
Signo do destino
Que surpresa ele nos preparou
Meu amor, nosso amor
Estava escrito nas estrelas
Tava, sim

Você me deu atenção
E tomou conta de mim
Por isso minha intenção
É prosseguir sempre assim
Pois sem você, meu tesão
Não sei o que eu vou ser
Agora preste atenção
Quero casar com você.

Culturas tão diferentes, modos de ver e viver a vida diferentes, eu arquiteta, ele analista de sistemas. Minha visão daqueles que trabalham com computação, principalmente em programação, é que têm uma visão da vida muito mais objetiva em comparação ao arquiteto, cuja visão da vida é mais humanista, voltada para a criatividade, a imaginação, a arte, a história e a liberdade de criação. Pela própria natureza da área de Ciências Exatas, para o analista tudo é preto no branco, pão é pão, queijo é queijo, problemas não existem, a vida deve ser encarada naturalmente, simples assim...

Pensávamos de forma bastante diferente: eu, como humanista, queria sonhar, fazer planos, queria novidades, queria conversar sobre o céu, a lua, as estrelas, enfim, sobre a origem do universo, sobre vida após a morte. A princípio, essa não era a praia dele. Contudo, a vontade de ficarmos juntos nos fez enxergar um ao outro. Esse é o segredo do verdadeiro amor.

Com o tempo passamos a discutir os assuntos mais diversificados, hoje, de interesse de ambos. Concordamos em vários pontos, levamos nossa vida num astral muito bom, de cumplicidade, de companheirismo, de amizade e de um amor intenso. Ah... Como passaram rapidamente esses 27 anos de casados! E parece que tudo ocorreu num simples piscar de olhos. Hoje, temos o Edu, com 24 anos, e o Felipe, com 18 anos. Temos uma estrutura familiar sólida e estruturada, mas que passou por altos e baixos no enfrentamento do dia a dia da nossa caminhada.

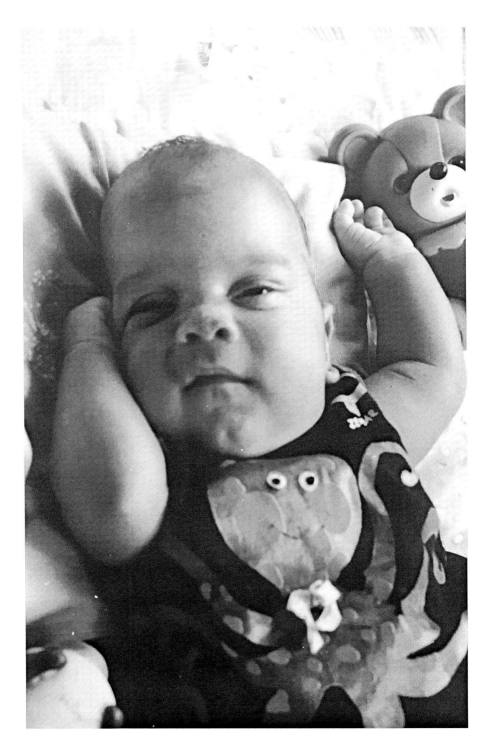

4
A força interior

> *A vitória mais bela que se pode alcançar é vencer a si mesmo.*
> *(Santo Inácio de Loyola [1491-1556]).*

A vida é um desafio desde o nosso nascimento. Todo ser humano se depara com alguns momentos fáceis e com outros bem difíceis. Nosso estado de espírito é muito importante para encararmos cada uma dessas situações e como aceitamos esses desafios é o que nos faz crescer espiritualmente.

Nos momentos de fraqueza até achamos que não vamos suportar determinada situação, mas é aí que encontramos uma força que nem pensávamos que pudesse existir e encaramos esses momentos críticos como grandes guerreiros. A força interior que existe em cada um de nós nos propicia superar qualquer obstáculo e dificuldade.

Digo isso porque a criança, antes de nascer, vive num mundo de proteção, de paz, de carinho, e a partir do nascimento enfrenta uma experiência ímpar, a dependência física completa de seus pais ou responsáveis. É uma grande doação. Posso dizer que é a experiência do verdadeiro amor ao próximo em toda a sua plenitude, que nos faz superar e ultrapassar barreiras e percalços em nossa caminhada de vida e que, em nenhum momento, eu imaginei que pudesse existir e se iria suportar. A tranquilidade que minha mãe me transmitia despertava em mim uma força que existe em nosso interior e, que, dependendo de cada circunstância, transforma-nos até mesmo em outro ser.

Tentarei expressar meu sentimento por ocasião do nascimento do Eduardo. Quando penso naquele ser humano tão pequenininho que, ao nascer, passou pelo que meu filho passou, como falta de oxigenação, transfusão de sangue, infecção hospitalar, aparelhos e mais aparelhos controlando seus batimentos cardíacos e pressão arterial, dentro de uma incubadora, com todas aquelas luzes, amarrado, literalmente, e preso naquele espaço de vidro transparente, sendo assistido 24 horas por dia, durante 30 dias, por médicos das mais diferentes especialidades, enfermeiros, estudantes residentes de medicina e enfermagem, fico imaginando o que pode ter passado pela cabeça desse ser tão pequeno.

Até hoje não sei como suportei ver meu filho nessas condições... Tão vulnerável, tão frágil, sem que eu pudesse ajudá-lo, por mais que minha mãe dissesse que só o fato de o estar observando, acompanhando-o na incubadora, era suficiente para que ele sentisse o meu calor e o meu amor.

Eduardo é um vencedor!

Pois é, Edu venceu, e não sei de onde vinha a vontade imensa dele de viver e de superar toda essa situação desafiadora. Mas ele conseguiu, encontrou seu equilíbrio e começou a dar passos firmes, ultrapassando cada obstáculo que a vida colocava em seu caminho.

Foi dessa forma que se iniciaram os primeiros dias de vida daquele frágil menininho. Cada dia vivido por ele era uma vitória. Na realidade, cada instante era sua luta de superação. Alegria e tristeza se confundiram naqueles dias, mas sua confiança em desafiar a lógica da vida se fazia presente, levando-me a acreditar que aquela situação iria passar. Foram várias as noites acordada, preocupada – na realidade, desesperada, em meus momentos de fraqueza –, querendo encontrar explicações da razão, dos motivos por aquilo estar ocorrendo com aquele ser tão pequeno... Eram muitas as indagações e muitos os questionamentos.

Ainda não sei se foi sonho ou alucinação, mas, em uma noite, uma voz singela de menino, creio que tenha sido a do Edu, disse-me: "Acalme os seus pensamentos, mamãe, porque esse segredo é de Deus! Procure buscar dentro de si mesma a fé, pois Ele sabe o que está fazendo. Não fraqueje. É um espaço sagrado, reservado a Deus. É um segredo entre Pai e Filho. Procure mergulhar nesse espaço para que cada experiência, boa ou ruim, seja convertida num crescimento interior, servindo para acalmar a sua mente". Acordei, de repente, transpirando bastante, assustada, com o coração disparado, mas, dessa noite em diante, tive a certeza de que tudo iria ser resolvido e transcorreria da melhor maneira possível.

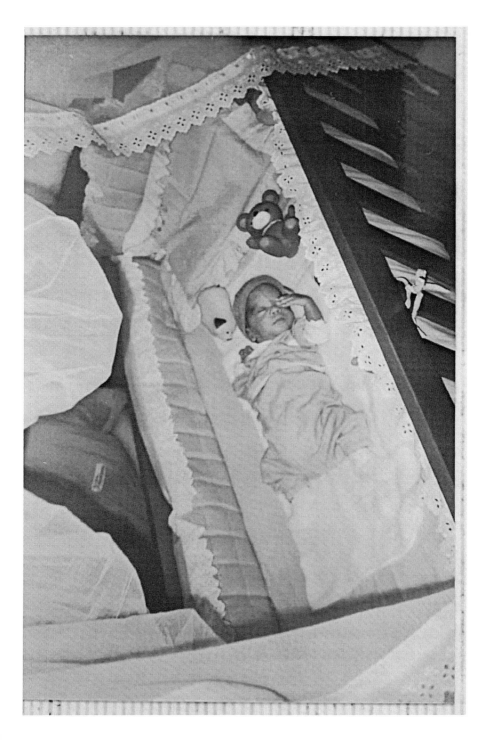

5
O nascimento

A vida é como andar de bicicleta. Quem deixa de pedalar, cai.

(Sebastião Penteado).

Em julho de 1992 entrava no sexto mês de gravidez, aproximadamente 26 semanas de gestação. Acordei cedo, como faço todos os dias, olhei pela janela do quarto e o sol estava esplendoroso e lindo, seus raios de luz me aquecendo. Por orientação médica, eu deveria ficar em repouso absoluto, deitada em minha cama, admirando mais um dia que amanhecia.

Era minha segunda gravidez. Fazia seis meses que eu, literalmente, estava deitada na cama, uma vez que, pouco mais de seis meses antes, havia perdido o meu primeiro bebê, uma menina, com cinco meses de gestação. Foi um período muito difícil para mim, fiquei muito triste, entrei num processo de depressão profunda, chorava muito, às vezes sem motivo nenhum. Eu, simplesmente, chorava. Durante um bom tempo fiquei pensando se, algum dia, poderia gerar outro filho. O medo me perseguia, mas a vontade de ser mãe era muito maior. Assim, pouco mais de seis meses depois, eu estava grávida novamente e agradecendo a Deus por essa dádiva.

Essa segunda gravidez foi considerada de alto risco, pois, segundo meu médico, o colo do meu útero, à medida que o bebê se desenvolvia e ia ganhando peso, gradativamente, ia abrindo. Esse problema é chamado de incompetência istmo-cervical (IIC). A IIC é a incapacidade do colo uterino de manter a gravidez, porque o orifício interno apresenta-se incompetente para reter o concepto, sendo necessária uma pequena cirurgia – cerclagem uterina –, que é a colocação de um fio de sutura no colo do útero para impedir sua dilatação antes do tempo desejado. Por essa razão, eu deveria ficar em repouso absoluto, preferencialmente, sempre que possível, na horizontal.

Após ficar contemplando os raios solares, estava sentindo muita fome. Tomei um bom café da manhã, levantei-me para ir ao banheiro, com todo o cuidado possível. Passei a fazer isso desde o primeiro mês de gestação. Percebi, naquele dia, uma pequena mancha de sangue na calcinha. Dá para imaginar o quanto fiquei apavorada? Com tudo que havia ocorrido anteriormente, minha cabeça entrou em parafuso, não conseguia pensar direito. "Será que é sangue mesmo?", perguntava-me.

Procurei me acalmar respirando lentamente, para não ficar ainda mais apavorada. Estava muito nervosa, tremia muito e chorava compulsivamente. Pareceu uma eternidade até o momento em que consegui ligar para o consultório do médico responsável pelo pré-natal. Fui informada de que ele estava viajando. "Vai acontecer tudo de novo, meu Deus. O que devo fazer?". A secretária do meu médico ficou conversando comigo até eu me acalmar um pouco e disse que eu seria atendida pelo médico de plantão, da equipe do meu médico, no fim da tarde.

Mas eu não conseguia ficar calma. Minha cabeça girava, o filme de seis, sete meses antes ainda estava muito presente em minhas lembranças. Eu queria ser atendida imediatamente, era impossível que o plantonista só me visse à tarde. *"Quero ir agora para o consultório"*, disse ao Iram. Não esperamos e fomos atendidos por um médico bem jovem. Ele me examinou e me encaminhou de imediato para o hospital, pois ele ia ver o que poderia fazer para segurar a criança dentro do útero o maior tempo possível. *"O colo do útero tinha se esgarçado apenas, porque é um tipo de tecido que não se rasga totalmente, mas se esgarça"* – essa foi a explicação dada a nós.

Fui internada em regime de urgência no hospital, para ver quantos dias meu organismo conseguiria segurar o meu bebê no útero. Um dia, ou até mesmo horas, dentro do útero, era muito importante para um melhor desenvolvimento do bebê. Tomei um susto quando, de repente, o médico me avisou que iria realizar um parto prematuro... Meu coração começou a disparar, comecei a ter palpitações. Entretanto, tive a sorte de estar com um médico humano, que nos tranquilizou e transmitiu muita paz espiritual a mim e ao meu marido.

Lembro-me do Iram se questionando se iria acontecer tudo novamente. Será que iríamos passar por todo aquele sofrimento outra vez? Com uma força que só as mães sabem de onde vem – acho que é a fé na força de Deus –, sem vacilar, disse para ele: *"Fique calmo. Vamos ter calma. Essa criança vai nascer, vai dar tudo certo e vamos ter o nosso filho tão desejado. Acalme-se, por favor!"*. Gradativamente, fomos acalmando um ao outro. Eu estava exausta, mas bem mais tranquila, talvez por estar no hospital, e passei o resto do dia bem, até dormi um pouco, acordando somente para os procedimentos da rotina hospitalar.

Passava da meia-noite. O dia 29 de julho de 1992 estava apenas começando quando, por volta de uma hora da madrugada, fui encaminhada para o centro cirúrgico. Tive um parto prematuro com muita dificuldade, pois, quando estava na sala de cirurgia, tive uma contração muito forte e a criança deu o seu primeiro sinal de vida, ficando parada no meio do canal de saída. Os médicos decidiram esperar mais uma contração para o bebê nascer. As mulheres que tiveram parto normal sabem do que estou falando, pois só quem sente a dor do parto com um bebê no meio do orifício de saída sabe a intensidade da dor.

Transcorridos alguns instantes, ele começou a chorar, a chorar muito forte. Para mim, além do alívio da dor, sabia que ele estava vivo. Quase sem forças, pedi para ver meu bebê. A enfermeira me mostrou. Dei um beijo na cabecinha dele e percebi que era bem cabeludo. A partir daí, não me lembro de mais nada.

Quando acordei, estava no quarto com Iram, meus pais e os pais de Iram, ao meu lado. Perguntei sobre o bebê, pois não sabia onde ele estava, e com toda tranquilidade que lhe é peculiar, Iram me disse que o Eduardo, nome que havíamos escolhido previamente caso fosse um menino, estava bem. Falou do seu peso, aproximadamente 1,3 kg, e que media não mais de 38 cm, e que por ser bastante prematuro os médicos o haviam encaminhado para a UTI Neonatal de um hospital pediátrico.

Eduardo foi transferido imediatamente, assim que nasceu, de ambulância, para esse outro hospital. À medida que ouvia Iram, as lágrimas escorriam. Eu tentava me acalmar, respirava fundo, tentando demonstrar tranquilidade para vê-lo na UTI.

No outro dia recebi alta do hospital e fomos para casa. Foram 30 dias dentro de uma UTI Neonatal, observando, através do vidro, cada procedimento a que os médicos e enfermeiras submetiam o meu pequeno e frágil filho. Os dias foram passando e meu pequeno vencendo os problemas que foram aparecendo dia após dia. Bebê prematuro não era nenhuma novidade para a equipe médica da UTI Neonatal.

Cada dia que ele permanecia na UTI era uma vitória para o Eduardo e, assim, eu, Iram e minha mãe o visitávamos pela manhã, à tarde e à noite. Ainda me lembro, como se fosse hoje, do meu coração bem sufocado enquanto eu subia as escadas do hospital para chegar à UTI. Lembro-me do cheiro, das enfermeiras, dos médicos, dos bebês, das roupas, da limpeza pela qual tínhamos que passar para podermos entrar na UTI, dos momentos de tocar e sentir o meu bebê. Com apenas a palma de uma das mãos, conseguia tocar todo o seu corpo, da cabeça ao bumbum.

Fazia um esforço descomunal para passar-lhe energia e não chorar, ficava muito emocionada, mas procurava, todos os dias, ser racional, transmitindo-lhe força, muita força, principalmente quando estava com ele ali, bem pequenininho, com uma máscara de médico segurando o seu bumbum, presa na parte superior da incubadora, tudo isso dentro de um espaço minúsculo.

A equipe médica nos passava todas as informações e explicações sobre o estado de saúde do Eduardo. Por mais preparados que estivéssemos, tomamos um grande susto ao vê-lo com um capacete de oxigênio, fazendo transfusão de sangue, com uma febre que não cedia, tomando soro fisiológico, realizando exames e mais exames de sangue para medir as taxas de glicose, de colesterol, de triglicerídeos; exames de urina e fezes, cobertor térmico para aquecimento, remédios e mais remédios, aparelhos medindo os batimentos cardíacos, a respiração, a pressão arterial, a alimentação etc. Enfim, todos os cuidados de que uma criança nessa situação necessita.

Aqui, gostaria de deixar registrado todo o nosso agradecimento à equipe médica e aos profissionais de saúde da UTI Neonatal do Hospital Luis de França.

Em nossas visitas, procurávamos transmitir ao pequeno Eduardo todo o enorme amor que sentíamos por ele. Nossa fé era muito grande e tínhamos a certeza de que era questão de tempo a espera, pois iríamos levá-lo para casa.

Vale destacar que, entre altos e baixos, parece que toda aquela angústia que havia antes do nascimento tinha acabado e o nosso casamento entrado numa nova fase, em um novo momento. A felicidade estava estampada no meu rosto e no do meu marido. O passado tinha se transformado no presente, nosso amor havia se renovado com o nascimento do Eduardo.

O sonho que eu havia tido antes do nascimento do Eduardo, de um menino dizendo-me que iria transcorrer tubo bem, dava-me, a cada dia, mais força para continuar apoiando-o na sua luta pela vida. Aquela situação revigorava mais a minha fé. Queria vê-lo fora da UTI! Não era possível saber, naquele momento, se haveria ou não sequelas no desenvolvimento do Edu.

Ficamos bastante felizes quando soubemos que o Eduardo havia recebido alta da UTI Neonatal, sendo encaminhado para uma unidade semi-intensiva e, depois, para um quarto do hospital. Ele havia atingido 1,8 kg e para ser liberado do hospital precisava alcançar pelo menos 2 kg.

Com o passar do tempo fui tendo noção da real situação do meu filho, da sua luta pela sobrevivência, para que a sua idade cronológica chegasse o mais próximo, dentro do possível, em função de suas condições, da idade considerada segura para o seu desenvolvimento. Após atingir o peso de 2 kg, fomos liberados para levá-lo para casa, com a orientação de contratarmos uma enfermeira devido à fragilidade do Eduardo, devendo, ainda, retornarmos ao consultório do médico pediatra a cada 15 dias.

Ao completar três meses, após alguns exames, sua médica pediatra chamou a nossa atenção para os poucos reflexos do Edu. Ele era uma criança muito molinha, parada, sem muita expressão. Entramos em desespero. O que isso significava? Qual transtorno poderia causar? Eram muitas as indagações e poucas as explicações.

O que nos deixava mais calmos e esperançosos era a tranquilidade da minha mãe. Foi um momento muito difícil para todos nós, pois teve início a minha batalha por procurar saber quais eram os melhores especialistas existentes em Fortaleza que pudessem ajudar no desenvolvimento do meu filho.

Quando o Eduardo completou quatro meses fomos aconselhados, por sua pediatra, a levá-lo para uma avaliação neurológica. O neuropediatra que nos atendeu, após alguns exames físicos de reflexo, solicitou outros exames, como tomografia computadorizada e eletroencefalograma.

Após analisar os laudos dos resultados dos exames, ele indicou um tratamento de estimulação precoce com uma fisioterapeuta. Comecei, então, a busca pelo seu desenvolvimento, estimulando-o, levando-o duas vezes por semana para as sessões de fisioterapia, com o devido monitoramento neurológico a cada dois meses, além do acompanhamento pediátrico mensal.

As sessões com a fisioterapeuta foram de extrema importância porque, a partir daí, Eduardo passou a ter uma expressão sorridente, começou a se sentar, a se virar, a engatinhar. Seus sentidos de audição, visão, olfato e tato foram estimulados e ele passou a respondê-los. Aprendi muito com essa fisioterapeuta e repetia em casa todos os exercícios de estímulos. Eu colocava um edredom no chão da sala e fazia as brincadeiras lúdicas.

Mas mesmo com todo esse esforço, com fisioterapia duas vezes por semana, percebia pouco progresso quanto aos movimentos do meu filho. Ele dormia a maior parte do tempo.

Ainda me lembro do sorriso com que ele me presenteou! Tinha quatro meses e segurou, com muita força, a minha mão. Fiquei tão emocionada que chorei, mas, dessa vez, de felicidade. Corri para o telefone para contar a novidade ao Iram e à minha mãe. Compreendi esse pequeno grande gesto do Eduardo como me dizendo: "Mamãe, você me dá segurança!". Iram veio para casa imediatamente para participar comigo de tanta emoção. E Edu fez o mesmo gesto com um sorriso para o seu pai, segurando com força a sua mão. Hoje em dia, quando penso nesse momento, vejo como se ele estivesse nos passando a seguinte mensagem: "Não tenho mais medo, vocês me dão segurança".

Aqui vale uma ressalva: após o fim do contrato com a enfermeira que o acompanhou até os sete meses de idade, observei que, quando eu passei a assumir tudo integralmente e a realizar todos os exercícios indicados pela fisioterapeuta para o desenvolvimento do Eduardo, para a minha surpresa e emoção, no mesmo dia em que assumi essa nova função, o Edu se virou, pois até então ele ficava somente numa mesma posição.

Às vezes, quando me dou conta, estou pensando na minha gestação. Fico imaginando um ser que está no conforto do útero aconchegante da mãe e, ao nascer, vai direto para uma máquina, uma incubadora. Quando penso nisso me pergunto: "Será que era só esse o tratamento?".

O acompanhamento com o neuropediatra era bimestral. Médico muito seguro e firme em suas argumentações. Para mim, ele chegava a ser cético. Eduardo tinha consultas de avaliação de dois em dois meses, que, depois, passaram a ser de quatro em quatro meses, nas quais era realizada a avaliação dos seus reflexos. Após esses exames, o médico sempre me dizia: *"Até hoje o Eduardo está progredindo"*.

Para mim ficava muito claro que não havia um diagnóstico preciso sobre o real problema do Edu. Isso me incomodava muito, pois ouvia sempre a mesma frase: "Está progredindo com o tratamento. Devemos continuar!".

Após um ano ouvindo a mesma frase, resolvemos ouvir a opinião de outro médico. Conseguimos agendar uma consulta com outra conceituada neuropediatra que nos foi indicada. Edu havia acabado de completar um ano de idade. A opinião dessa neuropediatra foi muito positiva, gostamos bastante da consulta. Ela nos tranquilizou ao dizer que, com o tempo, meu filho chegaria à idade intelectual apropriada à sua idade cronológica, mas que continuássemos com os cuidados terapêuticos até então indicados.

Continuamos o tratamento com os terapeutas que já atendiam Eduardo, que também nos tranquilizavam e nos davam forças com suas palavras. Dei início a uma procura para dar melhor qualidade de vida ao Eduardo. Jamais passou pelos meus pensamentos que essa situação fosse ser para toda a sua vida. Sempre achei que era um período de tratamento longo e muito demorado, além de dispendioso, mas que logo o Edu ficaria bem.

Eu acreditava – ou queria acreditar – que um dia eu acordaria e veria o Eduardo conversando, lendo, escrevendo. Essa esperança ficou dentro de mim por muito tempo. Achava que esse dia chegaria a qualquer momento, bastava um pequeno start, como um passe de mágica. E o tempo foi passando e passando.

Hoje, dou-me conta de que tenho um homem em casa. Vejo Eduardo com 24 anos, num mundo só dele. Quando iniciei a escrita deste livro ele estava com 16 anos de idade. À medida que as frases iam saindo, tomei consciência da real situação do meu filho, ao me recordar dos meus registros de todos os momentos vivenciados. Foi isso que me fez crescer como ser humano e ter um entendimento de toda a situação a cada amanhecer e a cada anoitecer.

6
Novas rotinas de vida

> *Depois de escalar um grande morro, descobrimos apenas que há muitos outros a escalar.*
> *(Nelson Mandela [1918-2013]*

Durante os três primeiros anos comemorávamos com festinhas os aniversários do Eduardo, com a presença de familiares e amigos. A partir do quarto ano começamos outra luta, a de procurar escolas que o aceitassem como aluno, mas depois retomo este tema. Seu aniversário de 4 anos foi comemorado na escola para haver a participação das crianças de sua sala de aula bem como de outras crianças da escola, porque eram as crianças que com ele conviviam.

Passei a ter uma rotina na qual eu sentia não poder falhar. Pelo menos era assim que eu me observava, como se estivesse me vendo de fora. Minha vida foi sendo transformada gradativamente, levando o Eduardo para fazer os tratamentos recomendados pelos médicos e às sessões de fisioterapia. Quando não estávamos trabalhando, nosso tempo era dedicado a fazer brincadeiras com ele, levando-o para os mais diversos locais lúdicos para estimular o seu desenvolvimento tanto motor quanto cognitivo.

Fazíamos revezamento entre médicos, terapias, exercícios etc., portanto, fomos e continuamos a ser pais presentes para ele. Sempre contamos um com o outro em todos os tratamentos, inclusive nos momentos de uma doença, gripe, dor, febre, diarreia, vômitos etc. Eu cuidava dele durante o dia, só indo dormir quando Edu estivesse bem, por exemplo, sem febre. Durante a madrugada, Iram se levantava para medir a temperatura e, caso nosso filho estivesse com febre, ele me acordava para, juntos, darmos os remédios necessários.

Nossa luta não tinha fim, a busca por especialistas que nos ajudassem a compreender e esclarecer nossas dúvidas não parava. Era uma procura incansável. Assim, chegamos a uma clínica cujo trabalho dos fisioterapeutas achamos bastante interessante, pois o lugar tinha vários brinquedos, escadas, rampas e aparelhos de obstáculos para a criança ultrapassar e desenvolver a sua condição motora. Eduardo estava com 2 anos quando fizemos sua transferência para essa clínica e ali permaneceu alguns meses para que avaliássemos, junto ao neuropediatra, o progresso dele com esse tratamento.

A partir de um determinado momento, concluímos ser mais interessante contratarmos um fisioterapeuta que pudesse prestar atendimento em nossa casa, fazendo com o Eduardo um trabalho de autoestimulação todas as manhãs. Esse atendimento diário, por um período da manhã, deixou-nos felizes ao vermos Eduardo dar seus primeiros passos. Foi um grande progresso em seu desenvolvimento.

Quando o levamos para a praia pela primeira vez para treinar, exercitar e fortalecer suas pernas e passadas, ouvimos – e lembro-me nitidamente – uma pessoa dizer: *"Parece que ele está de pilequinho"*. Esse comentário atingiu o fundo da minha alma. Sentimos uma profunda dor em nosso coração. Enquanto o momento, para nós, pais de uma criança diferente, era uma grande vitória – porque ele estava começando a andar sem proteção, sem se segurar em alguém, tornando-se, nesse quesito, independente – para algumas pessoas era motivo de riso. São comentários assim que são desnecessários e não acrescentam absolutamente nada, além de nos deixar entristecidos.

Esse dia, na Praia de Iracema, foi muito cruel para nós! Até então não nos dávamos conta do que era ouvir piadas dos outros com relação ao nosso filho. Pode até ser que não falassem por maldade. Não sei... Por brincadeira, quem sabe? Mas ouvir esse tipo de comentário era mais do que suficiente para me transtornar muito, sobretudo porque, geralmente, partiam de adultos, e sem necessidade.

Quando a criança é pequena tudo é bonito, qualquer coisa que ela faça é engraçadinho. Mas à medida que o tempo vai passando, as gracinhas vão se tornando desconfortáveis, chamando a atenção dos outros. Apesar de nunca me preocupar com os outros, vivemos em sociedade e ela tem regras de conduta, regras de padrão de comportamento. E quem está fora dessas regras é discriminado, é colocado à parte do sistema.

Quando o Edu estava mais firme e andando com mais segurança achei melhor colocá-lo numa escolinha cujos proprietários eram um casal de amigos, vizinhos de prédio, e como eu conversava muito com eles ficamos tranquilos em matriculá-lo naquela que foi a sua primeira escola.

Passados dois meses, a diretora da escola me chamou para dizer que as professoras suspeitavam de que Eduardo tivesse algum problema de audição. Imediatamente, nós o levamos para uma clínica de fonoaudiologia que fazia esse tipo de teste e o resultado deu negativo. O diagnóstico foi: normal, estando de acordo com a idade. Ele estava com 2 anos e 8 meses. Depois desse exame, Eduardo foi encaminhado para uma fonoaudióloga, duas vezes por semana. Nessas sessões, eu tinha que entrar no consultório com ele para lhe dar segurança. Como ficava assistindo, achava muito interessante a conduta da fonoaudióloga, porque o seu trabalho era bastante lúdico.

Ah! Não posso me esquecer das aulas de natação, que o Edu fazia desde muito pequenino. Nem bem completara um ano de idade e o professor, muito seguro, já lhe ensinava as primeiras braçadas. Foi durante essas aulas, que começavam às 7h, que ouvi falar do trabalho de psicomotricidade – a mãe de alguma criança me falou sobre isso. Assim, antecipei a consulta com a neurologista para ouvir a opinião dela a respeito dessa terapia e, como ela não se opôs, Eduardo passou a ter aulas de psicomotricidade.

Mais uma vez, eu tomava a iniciativa de procurar terapias que pudessem ajudar no desenvolvimento de meu filho. É interessante ressaltar que sempre por indicação de pessoas leigas no assunto. Então, aos 3 anos e meio, Eduardo tinha sua semana totalmente preenchida com a escola, atividades de fonoaudiologia, natação e, agora, psicomotricidade.

A profissional de psicomotricidade me chamou bastante a atenção. Pessoa maravilhosa, indagou qual a razão de só tê-la procurado naquele momento. Ora! Como poderia adivinhar? A cada seis meses levava meu filho à neurologista e ela me dizia que estava tudo bem. Era tudo que uma mãe de primeira viagem queria ouvir...

O tratamento de psicomotricidade tinha sessões três vezes por semana. Nesse tratamento eu também participava, pois, no começo, Edu era muito pequeno e precisava da segurança da mãe. Mesmo sendo leiga no assunto, sei reconhecer que esse tratamento foi muito importante para o Eduardo, porque ele era estimulado como pessoa. Sua identificação como ser humano por meio da figura humana, a lateralidade, os posicionamentos vertical e horizontal, frente e costas, o estudo das formas geométricas, a montagem de quebra-cabeças, subir e descer escadas, a identificação e o reconhecimento das letras e das partes do corpo humano etc., estimulavam-no cada vez mais.

A partir de então comecei a comprar brinquedos de madeira de diferentes formas geométricas, quebra-cabeças, brinquedos coloridos etc., estimulando-o no estudo de reconhecimento das formas quadradas, retangulares, circulares e triangulares, e também das cores. Nesse período compramos um triciclo. Ainda me lembro das cores, amarelo e vermelho. Colocamos o Edu no brinquedo e, para ensiná-lo a pedalar, foi necessário prender seus pés nos pedais com fita crepe até ele aprender o movimento que os pés deveriam fazer para pedalar, e puxávamos o triciclo com uma corda.

Depois de alguns dias, quando menos esperávamos, lá estava ele, andando de triciclo. Fizemos uma grande festa. Foi um momento de grande satisfação e felicidade. Edu aprendeu! Para nós, cada conquista, mesmo que pequena, era uma grande vitória e o reconhecimento de que estávamos no caminho certo.

Outro fato que acredito que vale a pena expor é que nós tínhamos a certeza plena de que os primeiros anos de vida do Edu eram muito importantes para o seu desenvolvimento. Investíamos todas as nossas economias em seu tratamento. Fazíamos tudo que estivesse ao nosso alcance ou até mesmo fora dele. Por exemplo, aos 3 e 4 anos, o Edu não conseguia controlar os atos de urinar e defecar. O tempo investido nessas duas atividades foi difícil. Urinar foi mais fácil ensinar, mas com respeito às fezes, atividade que ficou a cargo do Iram, foi bem mais complicado e bastante demorado.

Iram foi quem ensinou Eduardo a se controlar, até por ter mais pulso para ensiná-lo. Além da afeição que Edu sempre demonstrou pelo pai, tinha-lhe também muito respeito. Contudo, mesmo com toda a paciência que é pertinente ao pai, um dia, no final da tarde, Eduardo não conseguiu se controlar e acabou defecando na roupa.

Iram, pacientemente e de forma bastante lúdica, mais uma vez tentou ensiná-lo, até que perdeu a paciência. Tentando explicar da forma mais ortodoxa possível, acabou dando-lhe uma palmada. Até hoje ele se cobra pelo que fez, não podendo lembrar-se desse dia, porque fica deprimido com a sua ação.

Acredito que tenha se dado conta de quem era nosso filho, numa mistura de impotência com decepção. Como o Edu não chorou, além de falar muito pouco, pronunciava apenas algumas palavras soltas, lembro-me perfeitamente bem do semblante do Iram olhando para mim com os olhos cheios de lágrimas, tremendo e me dizendo:

– O que podemos fazer? O que ele precisa é de amor. É isso! De amor! Tenho que ter mais paciência, mais e mais paciência, porque o amor tudo supera!

Essa cena foi muito forte porque foi a primeira e a única vez que vi meu marido desmontar por completo, seus olhos cheios de água, indo se recolher em nosso quarto para chorar. Suas lágrimas expressavam todo um sentimento de incompetência, de erro, uma mistura de culpa, medo, frustração, rejeição etc.

Fui até o quarto e nós dois nos abraçamos e tentamos um dar força ao outro para aceitar – não sei se a palavra é aceitar – ou tentar entender essa situação. Nós, pais, orgulhamo-nos quando falamos em nossos filhos, achamos até que eles são um prolongamento das nossas vidas, e quando os filhos crescem e tornam-se independentes, profissionais de sucesso e pais de família, acreditamos que a nossa missão na Terra foi cumprida.

E quando não é do jeito que imaginamos e sonhamos, o sentimento de frustração, misturado com fracasso, é muito grande. Qualquer problema com nossos filhos, nós nos sentimos culpados e achamos que foi defeito de fabricação, sem direito a *recall*, pois fomos nós que os educamos e pensamos onde foi que erramos. A culpa sempre será nossa e não deles...

Não quero ser uma fortaleza, mas ao mesmo tempo em que sentíamos que essa situação passaria, como os médicos nos diziam – que era só uma questão de tempo –, sentíamos medo de isso se prolongar ou até ser eterno. Não era nada fácil prever um futuro para o Edu porque ele era muito pequeno. Não queríamos pensar no futuro! Mas sabíamos que pensamento é pensamento e que ele não nos dá nenhum poder sobre nada porque é apenas um pensamento.

Mesmo trabalhando o dia todo fora, desenvolvemos o hábito de almoçarmos em casa, mantendo a tradição das nossas famílias, aproveitando para ver como o Edu estava. Quando chegávamos em casa, fazíamos com o Edu o exercício proposto pelos terapeutas de subir e descer escada. Como morávamos num prédio de oito andares, utilizávamos suas escadas. Em pouco tempo de exercícios mais uma vitória: nosso filho já estava confiante, subindo e descendo as escadas.

Assim, quando percebemos que o Eduardo estava andando com mais segurança, resolvemos comprar uma bicicleta para ele. Parecia uma loucura, mas não foi! Na realidade, foi outra grande vitória porque, no mesmo dia, o Edu aprendeu a andar na bicicleta (com as rodinhas atrás), para nossa surpresa, para não dizer espanto. Nesse dia, descemos para a praça da Praia de Iracema, onde ele aprendeu a pedalar e exercitou-se quase uma hora. O mais interessante é que ele nos demonstrou que queria voltar para casa pedalando.

Chegando em casa comemoramos com uma taça de vinho – essa também uma tradição familiar – o progresso do Eduardo, bem como o nosso empenho e a nossa contribuição para o desenvolvimento do nosso filho. Meu pai sempre dizia: *"Toda comemoração deve ser feita com vinho, pois foi com vinho que Jesus fez o seu primeiro milagre"*. Assim o fizemos!

Os anos foram passando... e a nossa rotina gradativamente se alterando para conciliar com as necessidades do Eduardo. Pela manhã, psicomotricidade e fonoaudiologia, de duas a três vezes por semana; depois dessas terapias, deixava-o na escola, buscava-o para o almoço em família e, à tarde, ele ficava em casa com uma pedagoga, que fazia com ele um trabalho diferenciado, desenvolvendo sua parte cognitiva, leitura e escrita. Essa atividade começou aos 6 anos de idade, estendendo-se até os dias de hoje. Quando chegávamos em casa após o nosso dia de trabalho, todos os dias íamos os três para a praça da Praia de Iracema para ele andar de bicicleta e passear.

Além disso, a cada seis meses nós o levávamos para o acompanhamento neurológico e, dali, normalmente, éramos encaminhados para mais um eletroencefalograma. Dessa forma, fomos nos adaptando e continuamos a viver, levando nossas vidas...

Quando Eduardo completou 4 anos e meio, ele falava somente algumas poucas palavras. Meus irmãos nos convenceram a irmos aos Estados Unidos da América, aproveitando que toda a família viajaria com as crianças para elas conhecerem a Walt Disney World, para aproveitarmos a ocasião e passarmos em consulta com um grande especialista americano, o que acabou não ocorrendo.

Resolvemos fazer parte dessa programação, agregando-nos ao grupo, formado por 30 pessoas, entre adultos e crianças, no Rio de Janeiro. Quanta loucura! Foram 20 dias inesquecíveis para nós, que estávamos precisando de umas boas férias, e também para o Eduardo, que pôde conviver mais de perto com os primos e contar com a compreensão de todos. Para nossa surpresa, no programa estava incluído, inclusive, um cruzeiro pelas Bahamas.

Essa foi uma viagem inesquecível, rodeada pelo amor e pelo carinho de meus familiares. Aqui cabe ressaltar que, no grupo, havia somente três crianças pequenas: o Eduardo, com 4 anos e meio, e dois primos, um com 3 anos e meio e outro com 6 anos. Os dois tinham bastante atenção com o Eduardo e, o mais importante, respeitavam suas dificuldades.

Conhecemos todos os parques do complexo Disney, além de irmos a Tampa para conhecermos o Busch Gardens. Foram dias de muitas novidades, de vivências novas, de surpresas, de acolhimento, de fraternidade etc. Após essa viagem, o Eduardo voltou falando um número maior de frases e passou a se comunicar bem melhor. Tenho que admitir que essa viagem mudou de alguma forma nossas vidas, pois passamos a viajar com o Eduardo para todos os lados, quebrando o receio que tínhamos de fazer isso com ele. Deixo aqui registrada a gratidão pelo meu irmão, que nos incentivou a encarar essa viagem sempre de forma muito positiva. Obrigado, *brother*!

Na volta ao Brasil aproveitamos para ficar alguns dias no Rio de Janeiro e ouvirmos a opinião de outros dois médicos, um grande neurologista, professor titular da Universidade do Estado do Rio de Janeiro, e, por insistência familiar, um clínico ortomolecular, também muito conhecido e respeitado no Brasil.

A consulta com o neurologista foi tranquilizadora, por ele nos dizer que o tratamento que estávamos fazendo era o que deveria mesmo ser feito. A questão era estimular de todas as formas possíveis o Edu a desenvolver todos os seus sentidos. Além disso, ele nos disse, claramente, que não existia nenhum tipo de remédio que pudesse solucionar ou minimizar o problema do Edu, e o seu diagnóstico foi que o Eduardo era, no dizer do médico: *"Um carro novo, que precisa colocar as peças nos seus devidos locais"*. Deveríamos continuar o tratamento, estimulando-o cada vez mais. Com o tempo, ele iria chegar à idade de desenvolvimento equiparada com a idade cronológica. Esse havia sido o mesmo diagnóstico da neuropediatra que acompanhava o Eduardo desde que ele tinha 1 ano de idade.

Quanto à consulta com o outro médico, o ortomolecular, época em que essa modalidade médica entrou no radar das pessoas no Brasil, o diagnóstico foi o mesmo: *"Criança bastante saudável. Exames clínicos perfeitos. Logo, com o tempo, irá chegar à idade cronológica"*. Contudo, para um diagnóstico mais preciso e detalhado, ele solicitou que fizéssemos o teste do cabelo, chamado de Hair Multielement Analysis Report. Para tanto, colheu uma amostra de cabelo na região da nuca do Eduardo e encaminhou o material para um laboratório nos Estados Unidos da América.

Após um mês de espera chegou o resultado, que foi encaminhado por ele para nós, em Fortaleza. Após analisarmos o resultado, sem entendermos muito bem, liguei para o médico, que nos disse: *"Eduardo é uma criança que está muito estressada com a cobrança dos pais. Eduardo não tem absolutamente nada de anormal"*. Ele disse, ainda, que deveríamos relaxar e que nos encaminharia uns remédios manipulados e naturais tipo antiestresse.

Demos o medicamento para o Eduardo durante três meses, como foi solicitado. Quando liguei para dar o retorno ao médico, disse-lhe que não via nenhuma melhora no Eduardo. Como resposta, ele pediu que eu continuasse com a medicação e deixasse as cobranças de lado. *"É só isso, doutor? Meu filho tem estresse? Esse estresse é causado por nós e devemos continuar a dar-lhe as bolinhas brancas indicadas?". "Isso mesmo!"*, foi o que ele nos respondeu.

A avaliação das terapeutas que acompanhavam o Eduardo é que seu crescimento e seu desenvolvimento na viagem tinham sido excelentes, principalmente na comunicação com as outras pessoas, inclusive crianças, confirmando nossa observação durante a viagem.

Era visível a mudança no Eduardo, de forma que marquei uma consulta com o seu primeiro neuropediatra para contar-lhe as novidades sobre o desenvolvimento do Edu e ouvir mais uma vez a sua opinião. Após eu contar todo o progresso que havia percebido em meu filho e ele realizar o exame clínico de rotina, a sua avaliação foi a mesma: *"Eduardo está se desenvolvendo dentro do esperado, está progredindo". "É só isso que o doutor tem a me dizer?"*. A minha angústia só aumentava nessas idas aos médicos porque eles não conseguiam me dar um diagnóstico. E eu ouvia deles: *"Bebês prematuros são uma surpresa"; "O trabalho do médico era salvar vidas, mas não podiam garantir a qualidade de vida de cada criança"*.

Para o meu espanto, ele me disse, ainda, que se houvesse um chá no fim da Amazônia, ele me avisaria. "No momento, o tratamento é este". E me disse para continuar com as terapias e, também, para abrir uma poupança para o Edu, para o futuro dele, pois o tratamento era muito caro, todas as terapias eram particulares, com exceção das consultas médicas, que o plano de saúde cobria. Creio que esse foi um daqueles dias em que o melhor teria sido ficar em casa do que ter saído para ir ao médico.

A viagem aos Estados Unidos da América fez muito bem ao Eduardo, pois ele voltou muito mais descontraído, fato, para nós, bastante perceptível. Assim, gradativamente, fomos aumentando o tempo de permanência dele na escola. Então, além de todas as manhãs, ele também passou a frequentar a escola duas tardes por semana, ampliando sua rotina escolar e ele permanecendo lá dois dias integralmente.

Vivíamos sempre correndo: escola, fisioterapeutas, médicos etc. Num certo dia em que tive que buscá-lo na escola Caminho do Sol mais cedo para uma consulta médica e Edu não estava na sala com as outras crianças, mas numa outra sala, isolado e sozinho, brincando com uma caixa de brinquedos. Fiquei arrasada, descontrolei-me e comecei a chorar, pois essa cena me passou a sensação de que ele passava as tardes sozinho, sem a companhia das outras crianças. Até hoje não superei o fato de vê-lo isolado, largado daquele jeito. Tive a sensação de ter levado um tapa na cara. A escola, que deveria dar um exemplo de integração para uma criança diferente, para mim, passou a ideia de exclusão.

A partir desse dia começou a minha peregrinação à procura de outra escola que respeitasse os diferentes. Descobri então que, no Brasil, professores e escolas não têm formação específica e não estão preparados para receberem crianças diferentes.

Eduardo já estava com 5 anos. Na minha busca tive a sorte e a felicidade de ter uma prima que era professora em uma escola bem pequena, com um espaço bem lúdico e poucas crianças em cada sala, fatores bastante interessantes.

Conversei com a diretora da escola Gira Mundo e disse-lhe que meu filho apresentava um atraso em seu desenvolvimento cognitivo, mas, conforme a descrição dos médicos, esse atraso um dia compatibilizar-se-ia com a sua idade cronológica. Eduardo teve uma ótima adaptação e, o mais importante, foi muito bem recebido pelas crianças de sua sala. Foi um período de grandes conquistas para o meu filho, que estudou nessa escola até completar 9 anos, até o Jardim IV. Só para dar uma ideia da importância dessa escola na vida do meu filho, quando chegava o final de semana, ele queria ir para a escola. Assim, ele chegou à alfabetização. Uma professora dessa escola nos indicou outra escola cuja proposta de trabalho era fazer um acompanhamento diferenciado de cada criança, respeitando a individualidade de cada uma.

Essa época coincidiu com a minha segunda gravidez. Na realidade, a terceira, que nos pegou de surpresa, já que não havíamos nos planejado para mais um filho. Como ainda acreditava no que os médicos diziam a respeito do Edu, que "sua idade cronológica iria, um dia, coincidir com a idade de desenvolvimento, não pensava em ter outro filho, ficava sempre na expectativa de que o Eduardo chegasse logo a tal "idade intelectual e cronológica" para que eu pudesse pensar nisso. Como minha mãe sempre diz: *"Filha, Deus escreve certo por linhas tortas. Precisamos compreender o que Ele nos esconde entre as linhas"*. Os desígnios de Deus ninguém sabe. Foi muito bom e recebemos com muita alegria a notícia da gravidez.

Foi uma grande reviravolta em nossas vidas... A partir desse momento, tudo mudou. Recordo-me bem da passagem do ano de 1997 para 1998, porque estava me sentindo muito enjoada, qualquer comida me deixava cheia e empachada. Fui ao médico, descrevi o que estava ocorrendo e ele solicitou uma série de exames, dentre os quais um teste sanguíneo de gravidez.

Nessa época, meus pais e minha irmã, com seu marido e seus três filhos, estavam de férias em minha casa, portanto, estava com a casa cheia, e isso nos deixava bastante contentes porque as crianças tinham um bom entrosamento, sendo um grande estímulo para o Edu, além da positiva convivência com os primos.

Como não poderia deixar de ser, tive que fazer a cirurgia de cerclagem, ou seja, a cirurgia para costurar o colo do útero com o objetivo de segurar por mais tempo o bebê. A cirurgia transcorreu muito bem e contei com todo o carinho dos meus pais. Entretanto, com quatro meses de gestação fui obrigada a parar de trabalhar, pois, mesmo com a cerclagem, apareceu um sangramento, tendo eu que permanecer na cama, em repouso absoluto. Esse período foi bastante complicado, porque o Eduardo precisava manter a rotina dele. Fomos aconselhados pelo médico a contratar alguém de confiança para nos auxiliar nos traslados do Edu.

Em agosto de 1998 nasceu Felipe, um menino lindo, cheio de vida. Para o Edu foi uma grande alegria a vinda do irmão. Ele queria ficar o tempo todo olhando e brincando com o irmão. Porém, sem nenhum motivo aparente, Eduardo começou a sentir medo. Nessa época ele estava cursando o Jardim II e chegou ao ponto de não querer ir mais para a escola. Nós o levamos ao neuropediatra, que nos orientou e o encaminhou para um tratamento psicológico. Saí do consultório pensando: "Mais um profissional na vida do Eduardo, meu Deus!".

Começou o período de terapia com a psicóloga que nos foi indicada. Quando vamos a esses profissionais, contamos, no trato com eles, com a empatia. Foram seis meses de tratamento. Após esse período, ao fazer um questionamento a essa profissional sobre a possibilidade de o meu filho ter autismo, tive como resposta uma aula sobre o assunto. E ela finalizou a consulta dizendo: *"O Eduardo não apresenta sinais de autismo. O fato de ele ser amoroso, de gostar de abraçar as pessoas, de ter sentimentos, não se enquadra nesse tipo de distúrbio"*. Saí do consultório me sentindo a pior das mães, simplesmente por ter feito uma pergunta que há tempos me perturbava, por ter imaginado que meu filho podia ser autista.

Ao contar o ocorrido para amigos e familiares – como tudo que ocorre nos casos de saúde no Brasil, a indicação é sempre feita por leigos no assunto –, acabei indo procurar ajuda com outra psicóloga, a Silvana Barros. Essa psicóloga valorizou todo o tratamento que vínhamos fazendo para o crescimento do Eduardo ao longo de seus 7 anos e me incentivou a registrar, gravando ou escrevendo, tudo sobre o desenvolvimento dele, porque, assim, teríamos a memória de todo o seu aprendizado.

Com a força que me foi dada por essa profissional, retomei minhas anotações sobre o desenvolvimento do Eduardo, dessa vez com outra visão e com uma energia maior para continuar nessa caminhada. O tempo passa muito rápido e, hoje, vejo meu filho com seus 24 anos de muitas conquistas alcançadas e me pergunto: e após terminar o período escolar? Como será a sua jornada?

Ao longo desses anos, meu filho me fez enxergar que o importante é viver um dia de cada vez, a só pensar no presente, viver o presente, corrigindo os erros cometidos no passado porque, senão, sofremos duas, três, quatro... Tantas vezes quantas forem os pensamentos.

Quando Felipe ingressou no período escolar, ele tinha 2 anos, e o que mais me deixava feliz era a sua capacidade de cuidar e entender as dificuldades do irmão. Ele fazia questão de mostrar o Eduardo para todos os colegas, com muito carinho, dizendo com orgulho que ele era seu irmão. Saber que Felipe, mesmo tendo somente 2 anos, tinha uma alta sensibilidade de proteção para com o irmão, deixou-me mais confiante

Só vivenciei o mundo das crianças diferentes quando Eduardo foi matriculado na educação infantil porque, até então, sempre acreditei nos médicos, uma vez que sempre me diziam: *"É somente uma questão de tempo para Eduardo chegar à idade cronológica"*. Bem, espero isso até hoje...

Até então, os ambientes escolar, familiar e social tinham sido tranquilos, sem muitas preocupações. Fui percebendo – ou não queria perceber antes –, que, com seu atraso cognitivo, Eduardo se distanciava cada dia mais da idade cronológica. Mas, aos poucos, a ficha caiu. Passei a ver a real situação do meu filho.

Assim, com a ajuda e a orientação de sua professora, transferimos Edu para outra escola, Espaço Infantil onde ele teve boa receptividade. Foi no período da alfabetização. A turminha era pequena, devia ter não mais do que uns 10 alunos. Lembro-me perfeitamente bem de uma coleguinha, bem como de sua professora, sempre muito atenciosas. A professora fazia questão de conversar e me colocar a par do progresso do Eduardo e dizia que os coleguinhas, em especial, uma coleguinha, estimulavam muito o Eduardo e compreendiam as suas dificuldades.

Iram sempre foi um pai muito presente. Dividíamos todas as atividades junto ao Eduardo, inclusive as consultas médicas. Quando Edu completou seus 9 anos, demo-nos conta de que ele apresentava uma escoliose bem acentuada. O tratamento indicado para corrigir sua postura foram sessões de RPG, uma vez por semana. Foram mais de cinco anos de tratamento com uma fisioterapeuta.

Nesses casos, o paciente tem um papel bastante ativo durante o tratamento. O Iram, por ser mais firme, era o responsável por levá-lo para a clínica e foi quem acompanhou o Eduardo em todas as sessões. Iram também desenvolveu o hábito de levar o Edu para as oficinas todos os sábados, para fazer a manutenção mecânica em nosso carro, ou para assistir aos jogos de futebol no estádio Castelão, ou, ainda, em passeios na pracinha, onde o ensinou a andar de bicicleta sem as rodinhas. Nas tardes de sábado, Iram praticava corrida, e lá se ia o Eduardo andando de bicicleta ao lado dele. Aos domingos pela manhã íamos à praia e, à tarde, visitávamos os avós e os tios.

Outro fato interessante de ser lembrado nessa caminhada ocorreu durante o período de alfabetização do Eduardo. Iram resolveu que iria ajudá-lo a fazer a tarefa escolar de casa. Era uma tarefa aparentemente simples, na qual a criança deveria copiar as letras do alfabeto.

Após o almoço, Iram sentou-se ao lado do Eduardo para que ele copiasse as letras e entendesse o mecanismo da escrita. Como ele não sabia direito o que fazer, solicitou a minha intervenção. Foi uma tarde exaustiva, acredito que tenha forçado demais porque meu filho, de repente, começou a chorar e a dizer que não conseguia fazer aquilo. Fiquei chocada! Eram apenas cópias de letras, estava somente ensinando para uma criança de 8 anos o alfabeto.

Fiquei desolada e, ao mesmo tempo, com remorso por ver meu filho chorando por não saber o que fazer. O que parecia simples na minha visão não era para ele e eu não soube lidar com esse fato. Entretanto, isso foi muito importante para nós porque, a partir dessa experiência, foi-nos possível iniciar a vivência do mundo das crianças diferentes, pois, até então, acreditava que o problema era de tempo cronológico *versus* tempo de desenvolvimento.

Levei bastante tempo para querer enxergar a realidade do meu filho e suas dificuldades. Às vezes, pergunto-me: nós falhamos em nossa sensibilidade de pais? Por que ter sido tão racional e querer acreditar nesse paradoxo médico? Quantas interrogações ainda não superadas! Foram momentos difíceis. Só quem passa por essa experiência sabe o quanto é difícil.

Em alguns momentos queria jogar tudo para o alto, principalmente, quando notava, de maneira clara, uma regressão em determinada situação de aprendizagem. Foram dias complicados. Eu chorava muito, sentia-me sem forças e deprimida. Era como se o meu pássaro – Eduardo –, estivesse sendo abatido durante o seu voo. Porém, só o amor materno é capaz de ver luz, por mais tênue que seja.

Continuamos em frente e tentando tudo o que estivesse ao nosso alcance para melhorar a qualidade de vida do meu filho. O mais importante é nunca desistir!

7
À espera de uma certeza

A esperança é como um combustível que dá vigor à luta diária.

(Frei Valdir Laurentino).

Entrei de cabeça no mundo das crianças diferentes e procurei saber tudo a respeito. Pesquisava, lia, participava de conferências e reuniões sobre o tema. Por essa razão, creio que abordar o assunto referente aos diagnósticos médicos, às dúvidas com as quais me deparei, deixadas por parte desses profissionais, é de grande importância para nós, pais, porque depositamos confiança e esperança nesses profissionais.

Tive que começar voltando no tempo, iniciando e lendo sobre bebês prematuros e os possíveis problemas, como os associados à visão, causados pela intensidade da luz da incubadora. Se tivesse lido isso na época em que estava vivenciando o problema, com certeza teria ficado muito preocupada.

Nas minhas pesquisas, algumas informações, principalmente as estatísticas, chamaram a minha atenção. E como gosto de números, fiz algumas anotações, as quais transcrevo: com respeito às taxas de sobrevivência de bebês prematuros de 26 a 28 semanas, são elas de 75% a 85%. Desses bebês, 10% a 25%, aproximadamente, terão deficiências graves, tais como paralisia cerebral, deficiência intelectual grave, cegueira, surdez ou uma combinação dessas deficiências. Cerca de 50% a 60% terão dificuldades de natureza leve, como formas sutis de deficiência visual, paralisia cerebral leve, que afeta o controle motor, asma crônica, dificuldades de aprendizagem e problemas de comportamento, como o transtorno de déficit de atenção.

Percebi, então, que meu filho estava fora das estatísticas. Assim como a minha sobrinha Mariah, que também nasceu prematura. A diferença é que minha irmã Patrícia estava com sete meses, ou seja, 29 semanas, e pude acompanhá-la nas idas à UTI Neonatal, quando morava em Brasília.

É outro caso fora da estatística. Formada em fisioterapia e casada, leva uma vida de qualidade. Penso ser importante citar esse fato para mostrar que cada pessoa é uma, que todas apresentam habilidades e cabe a quem com ela convive absorver e digerir o que é melhor para enfrentar determinada situação, respeitando as individualidades de cada um. Isso tudo porque o tal diagnóstico do "tempo cronológico irá coincidir com o tempo de desenvolvimento" pode simplesmente não chegar e a duração do tratamento ser para a vida toda.

Hoje, isso está claro para mim e acredito que tenha faltado um pouquinho de humildade dos médicos neuropediatras que assistiram meu filho, durante todos esses anos, em admitirem e nos dizerem a verdade. Bastava uma simples frase: "Eu não tenho conhecimento suficiente sobre o problema de seu filho" ou "Até hoje não me deparei com um caso como o do Eduardo". Teria sido muito mais simples para nós porque tomaríamos consciência de que todos os tratamentos seriam apenas para que Edu adquirisse certa independência de vida, ainda que mínima. Principalmente, os tratamentos que atuam diretamente no comportamento emocional, tanto do paciente quanto dos pais e familiares, pois, direta ou indiretamente, todos ficam envolvidos.

Sei também que um diagnóstico precoce ajuda no desenvolvimento cognitivo. No meu caso, especificamente, passei anos buscando um diagnóstico. Como busquei esse diagnóstico? Como procurei médicos, especialistas, terapeutas? Viajaria o mundo para conseguir esse diagnóstico…

Sei que os primeiros meses e anos de vida são cruciais para o desenvolvimento da criança, mas nem sempre é simples identificar se uma criança tem algum tipo de comprometimento na área cognitiva, porque essa área está diretamente ligada ao seu entendimento, ao seu comportamento e aos seus estímulos; se tem algum tipo de mania, se tem atitudes diferenciadas com determinadas pessoas, se possui alguma dificuldade em seu desenvolvimento ou se apenas se trata de uma postura mais fechada, mais reservada e mais tímida da criança.

A ciência inova a cada dia. Nos anos 90 do século passado não havia o grande avanço tecnológico, de pesquisas, de internet, que existe hoje em dia. Por mais que eu procurasse respostas para chegar a qualquer tipo de diagnóstico, os médicos especialistas da época não se arriscavam a dar um diagnóstico, somente pediam exames e mais exames, aplicavam testes motores, de reflexos neurológicos e de comportamento, e conversavam conosco, os pais, pois tínhamos mais informações sobre a evolução do Eduardo. Chegaram, inclusive, a solicitar que investigássemos o histórico e a herança genealógica da nossa família, na tentativa de encontrarem uma explicação para o caso do meu filho.

Assim, fomos encaminhados para uma consulta com uma médica geneticista que, depois de todos os exames pedidos e realizados, não conseguiu fechar nenhum diagnóstico. Em relação aos exames de tomografia e de eletroencefalograma que fazíamos regularmente, juntamente aos exames de DNA, de cromossomos, deram sempre normais e a conclusão era a mesma: "O exame realizado está de acordo com a idade do paciente". Seu filho não tem nenhum problema e é uma pessoa normal. Como aceitar tal diagnóstico?

A medicina avança a cada dia, com novos métodos que buscam dar um diagnóstico mais rápido e eficiente, tendo como fundamental importância um olhar mais apurado dos pais. Às vezes, fico me perguntando: será que uma mãe ou um pai de primeira viagem tem esse olhar? Sabemos que iniciar um tratamento o mais cedo possível tem resultados mais eficazes, pois as intervenções são distintivas e os ganhos para o futuro são mais significativos.

A busca por esse diagnóstico, em função da alteração comportamental do Eduardo, caracterizada principalmente pela insegurança após o nascimento do irmão Felipe, fez-me buscar a ajuda psicológica que já relatei anteriormente. Assim, fui encaminhada, pela psicóloga, a realizar uma avaliação com uma profissional de terapia ocupacional com o objetivo de melhorar a organização das funções egoicas do Eduardo.

A terapeuta ocupacional realizou uma avaliação bem minuciosa com o Eduardo, a partir de observações realizadas tanto na minha residência quanto em seu consultório, além dos relatórios dos demais profissionais envolvidos com o tratamento do meu filho (psicomotricidade, fonoaudiologia, psicologia, natação e acompanhamento da vida escolar).

Após algumas sessões de reconhecimento do caso, recebi um relatório dessa terapeuta com a síntese de sua avaliação situacional, apresentando-nos dois caminhos de tratamento que mudariam a rotina do Eduardo. A seguir, transcrevo os principais trechos:

"**Caminho 1**

A permanência de E. em seus atuais atendimentos, acrescida de acompanhamento terapêutico.

Obs.: esse caminho expõe E. a maior fragmentação e evita algumas separações que, a meu ver, terão que haver mais cedo ou mais tarde.

O colégio já se mostra ancorado às características de intervenção de um novo modelo.

Caminho 2

Retirada lenta e gradual dos diversos atendimentos, introduzindo, de forma gradual, o acompanhamento terapêutico, podendo, dessa forma, intensificar o processo psicoterápico.

Ainda sugiro que a AT. Avalie a atual natação de E. e faça um comparativo com os pressupostos da natação terapêutica, com o objetivo de estimular toda a psicomotricidade e seus conceitos sensório-motores, tão importantes para o desenvolvimento dos conceitos matemáticos, limites da consciência corporal e linguagem".

Transcrever essa avaliação é importante para demonstrar que era o momento para tomarmos uma decisão a respeito dos tratamentos referentes à construção do Eduardo como pessoa, promovendo, assim, seu melhor desenvolvimento nas funções do pensar (simbolizar) e, consequentemente, melhor entendimento do mundo.

A decisão que tomamos foi seguir o Caminho 2, visando reorganizar um melhor desenvolvimento mental, promover novos aprendizados e prevenir maiores rupturas na sua estrutura psíquica. A partir de então, os atendimentos com os terapeutas foram gradativamente sendo retirados da rotina diária do Edu e sendo substituídos pelo acompanhamento terapêutico.

Eduardo estava com 8 anos quando iniciou o acompanhamento terapêutico com os atendimentos realizados em minha residência, três vezes por semana. A terapeuta participava do dia a dia do Edu, ensinando e acompanhando as chamadas Atividades da Vida Diária (AVD) e, aos poucos, ia se estabelecendo um vínculo entre os dois. Foi um trabalho intenso, dia após dia, com o registro em um caderno/diário das atividades por ele desenvolvidas.

Após dois anos de terapia, Eduardo contava 10 anos, e deu-se início aos trabalhos de campo, com vivências fora da minha casa, somente finalizados quando o Edu estava com 14 anos. Vale ressaltar que esse trabalho foi de grande importância para o meu filho, que adquiriu mais confiança e segurança, de maneira que fica aqui registrado o meu reconhecimento.

Após alguns meses de intenso trabalho de acompanhamento terapêutico, pensamos em algumas possibilidades de diagnóstico e, pela primeira vez, foram levantadas: Autismo, Síndrome de Asperger ou Síndrome do Cromossomo X Frágil, em função dos transtornos comportamentais apresentados que afetavam o seu desenvolvimento social e cognitivo e a forma como o Eduardo se relacionava e se comunicava com o mundo exterior.

Na minha percepção, alguns sinais indicavam um atraso com relação ao seu desenvolvimento sócio cognitivo quais sejam: quando Eduardo estava feliz, fazia movimentos repetitivos, pulava, gritava e batia os braços como se fossem "asas"; só falava para expressar as suas necessidades; em determinados momentos não gostava de ser tocado; quando colocávamos um objeto em determinado lugar, ninguém podia tirar esse objeto do local; não tinha um vocabulário rico para interagir conosco nem tampouco com outras pessoas, respondendo apenas às nossas perguntas com palavras curtas.

A vida tem momentos bastante interessantes, para os quais não encontro uma explicação, a não ser Deus querendo nos dizer: "Estou ao seu lado, confie em mim!" Após levantar-se a hipótese de autismo, acordei certo dia me sentindo sem forças e com várias interrogações de como seria a vida do Eduardo. Sempre que deixava meus pensamentos fluírem pensando no futuro dele, ficava angustiada e preocupada, por mais que eu tivesse consciência de que pensamentos são apenas pensamentos, não tendo significado nem poder sobre o que pode acontecer. Não temos o poder de prever e controlar o futuro. Entretanto, tinha a sensação de que tudo que fazíamos parecia insuficiente.

Nesse dia, sem esperar, recebi uma ligação telefônica de uma das primeiras pediatras do Eduardo, durante o período em que ele esteve internado na UTI Neonatal, querendo notícias dele. Essa pediatra acompanhou e vivenciou todo o nosso sofrimento durante o período hospitalar. Ela sempre esteve ao nosso lado, desde o primeiro dia de vida do Edu, em todos os momentos críticos pelos quais ele passou dentro da UTI. Ela sempre foi muito segura, íntegra, humana e nos fortalecia nos momentos mais difíceis, quando sequer sabíamos se o Eduardo sobreviveria.

Parece obra divina termos encontrado uma médica tão presente no acompanhamento da saúde e do desenvolvimento do Edu. A nossa relação médico-paciente foi baseada na confiança e na segurança. A doutora, como eu a chamava, sempre solicitou detalhadamente os relatórios da doença/dor no Edu e era bem firme ao se posicionar em relação ao seu diagnóstico. E o mais importante ainda é que ela não se colocava na postura de que "somente ela sabia", mas, sim, que as duas partes tinham conhecimentos distintos e se uniam para tratar cada enfermidade.

Durante uma consulta ela não dispensava uma escuta e um diálogo amigo entre as partes. Auxiliava-nos nos aspectos psicológicos que indiretamente estavam vinculados ao biológico e, dessa forma, ampliava a capacidade de melhora do Edu. Era uma médica sensível e podíamos contar com a ajuda dela a qualquer hora.

Eduardo, quando pequeno, era mais frágil para ter uma virose, uma sinusite, uma faringite, um resfriado, enfim, as patologias mais comuns na infância, como as gastroenterites e as amigdalites, e a doutora sempre estava à disposição para nos atender.

Quando voltávamos para casa após determinadas consultas, por diversas vezes era ela mesma que nos telefonava para saber se o Eduardo tinha melhorado. A doutora acabou se tornando uma grande amiga, pois atendeu o Edu até ele completar 18 anos. Estava sempre atenta para nos encaminhar para médicos e tratamentos mais modernos.

E foi nesse contexto que ela nos informou que havia chegado a Fortaleza uma médica neuropediatra que tinha feito mestrado na França e que era para levar o Eduardo para uma avaliação. Marquei uma consulta com essa médica. Ela fez alguns testes com o Edu e solicitou uma série de exames.

Quando retornei com os laudos dos exames pedi-lhe um diagnóstico. Ela foi bem objetiva: *"De tudo que eu avaliei, o meu diagnóstico é retardo mental"*. Ao ouvir esse diagnóstico eu desabei, comecei a chorar. Minhas pernas tremiam, meu coração disparou e eu não ouvia mais nada do que a médica falava. Minha cabeça girava, estava tonta.

Ao perceber o meu estado, a médica solicitou um copo de água com açúcar e foi me acalmando: *"Respire fundo e devagar"*. Eu me recompus e continuamos a consulta. Mas eu ainda me sentia atordoada. Para mim foi muito chocante ouvir essa frase, mas foi a primeira médica que nos deu, enfim, um diagnóstico. Transcorreram 12 anos para uma explicação e uma compreensão da real situação do Eduardo.

Ouvir esse diagnóstico foi, ao mesmo tempo, muito doloroso e um alívio, porque agora podíamos fazer outras intervenções para melhorar a qualidade de vida futura do Eduardo. Foram 12 anos de buscas, de dúvidas, de apreensões. Até imaginava que, um belo dia, eu acordaria e meu filho me perguntaria: "O que houve, mamãe?".

A partir de então, o comportamento do Eduardo, já com 12 anos, começou a se modificar, ele ficava irritado com qualquer coisa. Começamos a observá-lo para tentar descobrir o que estava acontecendo, já que ele mesmo não conseguia se expressar e dizer o que estava sentindo. Foi necessária a intervenção de sua psicóloga, na tentativa de nos revelar e ajudar a como lidar com essa situação.

Isso começou a acontecer no mês de abril, depois de uma viagem que fizemos a Fernando de Noronha, um Cruzeiro de cinco dias, durante a Semana Santa. Deixamos tudo organizado e o Eduardo e o Felipe ficaram com uma senhora que trabalhava na minha casa havia mais de 10 anos e que tinha visto o Eduardo nascer, juntamente a uma prima minha, que sempre esteve ao meu lado nos momentos mais difíceis e com a qual podíamos contar sempre que precisávamos. Durante esse final de semana específico, minha prima aproveitou e levou os meninos para passear.

Como comentei, percebemos, quando voltamos dessa viagem, que o Eduardo estava apresentando um comportamento bem diferente. Ele estava inseguro e com medo da nossa secretária, que esteve com ele desde o seu nascimento. O mais estranho era a insistência com que ele pedia para que ela fosse embora.

Foi uma situação tão inesperada e tão surpreendente que a psicóloga sugeriu que tivéssemos uma conversa com essa senhora para sondar o que, porventura, poderia ter ocorrido, se ocorrera algo fora da rotina do Eduardo. Foi uma circunstância bastante constrangedora, até pelo fato de levantar alguma dúvida, e que nos deixou preocupados e sem ação, pois o Eduardo simplesmente não podia vê-la.

Apesar de ela não nos dizer nada, sentíamos que alguma coisa estava diferente e que algo havia ocorrido durante a nossa ausência. Sob a orientação da psicóloga, resolvemos nos sentar com o Felipe, na época com 6 anos, e perguntar o que havia acontecido.

A resposta do Felipe foi imediata. Ele nos disse que o Eduardo havia sido empurrado pela senhora, que o Edu queria apenas carinho e que ela não quis dar. Felipe chegou a nos mostrar como fora a cena, interpretando a situação para nós. Tudo ocorrera em um momento em que a minha prima não se encontrava em casa.

Esse fato nos deixou mais atentos e alertas, porém, extremamente magoados, porque não conseguíamos entender a razão de tal atitude. A partir de então, o mês de abril ficou marcado – é até hoje – na vida do Eduardo, pois após o ocorrido, todos os anos ele pergunta incessantemente, no início de cada ano, quando chegará o mês de abril.

Esse episódio foi o suficiente para perdermos a confiança em uma pessoa que sempre esteve ao nosso lado e que acompanhou todo o nosso sofrimento e apreensão com Eduardo. Ainda hoje tenho notícias dessa senhora e me pergunto por quê. Mesmo com todos os problemas que o Eduardo tem, ele sempre foi uma criança muito calma, carinhosa, uma criança de bem com a vida, dentro de seu mundo interior.

Não encontro uma explicação convincente que me faça aceitar tal atitude, pois sempre tive na minha concepção de vida que crianças, idosos e animais são, por sua natureza, inocentes e puros, não têm maldade em relação aos outros, muito menos uma criança como o Eduardo.

Mas a vida dá muitas voltas. Depois de oito anos que essa senhora saiu da minha casa, ela nos visitou para dizer que havia perdido o filho de 21 anos, numa briga de rua, perto da casa dela. Abraçamo-nos, choramos juntas e nos confortamos. Foi nesse dia que ela, humildemente, pediu-nos desculpas por sua atitude com o Eduardo. Continuamos a nos falar e ela sabe que pode contar conosco no que for preciso.

Acredito que aquele foi um momento, em nossas vidas, em que precisávamos passar por essa experiência para podermos dela tirar proveito e confirmar que o principal medicamento de que o Eduardo precisa é o amor. Parece simples, mas cada pessoa tem seus problemas, seus momentos, suas angústias, suas inseguranças.

Como já falado, esse fato nos fez entrar em outro momento da vida do Edu. Ele passou a ficar muito agitado e inseguro. Assim, com a ajuda da psicóloga e por meio de sua indicação, resolvemos levá-lo para uma consulta com um psiquiatra e ouvir a opinião dele a respeito da possibilidade do uso de algum medicamento, e se aquele momento seria ou não o mais adequado.

A médica psiquiatra acompanhou Eduardo durante quatro anos, introduzindo dois novos medicamentos na rotina diária dela dele, ambos antidepressivos, um pela manhã e outro para tomar à noite. Foi um processo bastante lento até que a dose e o medicamento adequado fossem encontrados e calibrados. Isso porque introduzir um remédio na vida de uma criança que não consegue expressar os seus sentimentos é muito difícil.

Foram testados três tipos de medicamentos. Com o primeiro medicamento, o Eduardo ficou bem passivo, com seu semblante perdido. Fiquei apavorada e o medicamento foi imediatamente suspenso. Lembro-me do Eduardo sentado no chão e sem muita expressão durante algumas horas. Lembro-me perfeitamente da apatia do meu filho.

O outro remédio ele começou a tomar próximo ao Dia das Mães. As crianças estavam ensaiando para a festinha das mães e no dia marcado para a festa, na escola, o Eduardo ficou muito agitado, parecia estar descontrolado. Assim que cheguei em casa, liguei para a psiquiatra e contei o que estava acontecendo, e mais um medicamento foi suspenso. A medicação foi substituída mais uma vez, até encontrarmos a mais adequada para quadro dele, sendo esse último o remédio que o Edu toma até hoje.

Nós, pais, passamos por tantos sobressaltos até a situação voltar à rotina, que só tendo muito amor para com o próximo para superar os entraves que a vida nos impõe.

De cada experiência tiramos um aprendizado e, a partir de então, sempre que viajávamos sem os nossos filhos, deixávamos uma superestrutura em casa para não afetar nem a parte emocional, nem psíquica, do Edu.

Para todos esses momentos eu conto com a ajuda da Mazé, minha secretária há bastante tempo e que já faz parte da nossa família. Ela tem um enorme carinho tanto pelo Eduardo quanto pelo Felipe. Vale ressaltar que, para nossa maior tranquilidade, contamos, ainda, com a ajuda dos meus irmãos, que sempre se prontificaram a se deslocarem de suas cidades, no sul do Brasil, a Fortaleza, para viajarmos com mais confiança e tranquilidade.

Assim, foi graças a tudo isso que realizamos algumas viagens. Meus irmãos sempre ficaram na minha casa, dando atenção e amor aos meus filhos durante todos os dias que passávamos fora, para que eles se sentissem confiantes e seguros.

Conseguimos, em férias, viajar para a Europa, onde visitamos Portugal, Espanha, Inglaterra, França e Holanda. Depois, viajamos para Buenos Aires, Chile e, ainda, para a Serra Gaúcha. Mas o melhor de tudo mesmo é chegarmos em casa e encontrarmos paz e alegria nos olhos dos nossos filhos.

8
A importância dos terapeutas

Deus não nos submete a provas que estejam acima das nossas forças.
(Santa Maria Faustina Kowalska [1905-1938])

Um turbilhão de emoções, umas conscientes outras inconscientes, eram expostas através dos sentimentos que passavam pela minha cabeça, fossem eles bons ou ruins, e me levavam sempre a uma preocupação imediata sobre qual seria a forma mais adequada para se trabalhar com o Eduardo, já que ele não conseguia expressar com clareza os seus sentimentos.

Passei anos da minha vida à procura de terapeutas que pudessem ajudar o Eduardo a se desenvolver melhor e, consequentemente, ter mais qualidade de vida. Segundo os médicos que acompanhavam meu filho, esse profissional era a única pessoa que poderia ajudar no crescimento e no desenvolvimento do Eduardo como pessoa. Alguns chegaram a dizer, inclusive, que era o "único remédio" para o Edu.

Passei a procurar o que existia de melhor, mas o melhor profissional para uns não é necessariamente o melhor para outros, pois cada caso é diferenciado, além da questão da empatia. Foi isso que aprendi nesses anos todos. Como já comentei anteriormente, médicos são indicados, em geral, por leigos iguais a nós. Entretanto, tive a sorte de encontrar bons profissionais que, com o passar do tempo, tornaram-se grandes amigos, todos muito dedicados ao trabalho que desenvolviam junto ao Eduardo.

Entrando no túnel do tempo, lembro-me de uma das primeiras fisioterapeutas, que iniciou a estimulação precoce em Eduardo, ele ainda com poucos meses, e das aulas de natação. Posteriormente, começou o trabalho com a fonoaudióloga, o Edu já com 2 anos de idade.

O maior choque que tomei ocorreu mesmo quando teve início a terapia com a psicomotricidade. Nessa época, o Edu tinha 3 anos. Foram cinco anos de atendimento, seguindo fielmente todas as orientações. Durante esse período, comecei realmente a compreender que o problema do Eduardo era mais sério do que aquele que os médicos nos diziam – "o tempo irá fazer coincidir".

Na sequência, outra fonoaudióloga, seguida das sessões com a primeira psicóloga, das terapeutas ocupacionais, das professoras de leitura e escrita e da computação. Ainda, uma dezena ou mais de estagiárias de acompanhamento escolar, das pedagogas que ensinavam o processo de leitura e escrita, as tarefas de casa, todos os dias da semana, durante as tardes, em minha casa, da psicopedagoga e, finalmente, um psicólogo que realizava um acompanhamento terapêutico, além do *personal trainer*, que até hoje o acompanha em suas atividades físicas.

Fiz questão de relacionar todos esses profissionais para mostrar a importância da relação entre terapeuta e paciente. No caso do Eduardo, como a comunicação verbal dele era incipiente, eu acabava por intermediar, interpretando o que Eduardo queria expressar e, dessa forma, acabei eu mesma me tornando paciente.

A ponte entre os dois, Eduardo e terapeuta, eu a fazia, e não só na terapia. Praticamente, eu o observava em todos os momentos para poder relatar o seu comportamento aos outros profissionais envolvidos em seu tratamento. Como eu sempre o acompanhava durante as sessões terapêuticas, acabava aprendendo as rotinas dos exercícios e procurava reproduzi-las nos meus horários livres em casa.

Vale a pena abrir uns parênteses para comentar um pouco da relação entre Eduardo e seu *personal trainer*. Quando o Edu completou 14 anos, achei que seria bom para a sua saúde física introduzir outra atividade física além da natação, já que, quando tinha as crises de sinusite, ficava, em geral, até 15 dias sem frequentar essas aulas, o que o prejudicava bastante. Assim, com a abertura de uma academia de atividade física ao lado do meu prédio, fomos orientados a matriculá-lo para fazer musculação, já que Eduardo nem precisava atravessar a rua. Dessa forma, ele fortaleceria seus músculos.

Nos quatro primeiros meses, ele ia para a academia acompanhado por sua pedagoga até a finalização das atividades. Depois ela passou a deixá-lo sozinho com o seu primeiro *personal trainer*, o Igor, que se comprometeu a, quando terminasse a aula, levá-lo para casa. Assim foram mais de dois anos.

Lembro-me perfeitamente de como o Edu gostava dessas idas à academia. Acredito que ele se sentia independente. Merece destaque o interesse imediato demonstrado pelo seu *personal trainer* que, na época, fazia mestrado e levou o caso do Eduardo para ser analisado por seu orientador, que lhe indicou vários artigos científicos sobre casos semelhantes, dando-lhe dicas de exercícios para fazer com o Edu. Conversávamos muito sobre o Eduardo, o que podia ou não melhorar no seu desempenho, fazendo com que Edu se dedicasse às séries de exercícios com muito empenho, transformando a vida num alto astral permanente.

Essa academia fechou e todos os alunos foram transferidos para outra academia, também próxima à nossa casa, assumindo as aulas do Eduardo outro *personal trainer*, o Cristiano, que trabalha na mesma linha e o acompanha desde 2008 até hoje. Esse *personal trainer* é muito disciplinado e impôs limites para o Edu. Suas aulas seguem um roteiro com exercícios para trabalhar os membros das partes superior e inferior, flexões e abdominais, além de muito alongamento.

Esse relato sobre o trabalho desenvolvido pelos *personal trainers* tem como objetivo mostrar a importância que esses profissionais tiveram/têm no desenvolvimento do Eduardo, tanto em sua integração quanto na socialização com os outros alunos da academia, e também para mostrar que a atividade que eles desenvolvem permite arrolá-los como terapeutas. Todos na academia conhecem o Eduardo, são-lhe atenciosos e – o mais importante – respeitam-no como pessoa, sabem de suas dificuldades e tentam conversar e brincar com ele, respeitando as suas diferenças.

Sempre li bastante sobre a empatia paciente-terapeuta e que essa relação é essencial para um bom desempenho e uma boa eficácia do tratamento, uma vez que esse relacionamento aborda tanto as vivências da vida diária como também a confiança e a cooperação, que são questões únicas e primordiais para que a terapia seja eficiente.

A experiência dessa relação engloba emoções e sentimentos que, muitas vezes, podem se tornar uma barreira para o desenvolvimento da própria terapia. Embora eu sempre tenha tido uma postura de ouvinte nas sessões de terapia, compreendia que precisava adquirir algum embasamento teórico para aprender a como interpretar e lidar com meu filho.

Reconheço que, em muitas dessas sessões, tive vontade de ir embora, levando comigo Eduardo, pois ouvia, ainda que de forma indireta, a maneira como deveria agir com ele, como se eu não soubesse fazer isso. Era comum ouvir das terapeutas: "Aja dessa forma! Não tome essa atitude! Seja mais firme com ele! Ele não é mais uma criança!". Entretanto, como o Eduardo não tinha um vocabulário adequado com o qual pudesse se expressar com clareza, eu tinha que fazer essa ligação entre eles.

Hoje, vejo que eu soube levar muito bem a relação paciente-terapeuta, procurando não fazer qualquer intervenção. Dentro desse contexto, os anos se passaram. Foram praticamente cinco anos de terapia de psicomotricidade, cinco anos de fonoaudiologia e mais três anos com a professora de leitura e escrita. Lembro-me de que a profissional que me indicou essa professora dizia: *"Essa pedagoga é uma excelente profissional! Ela faz até 'poste' ler"*.

Além de todos esses, ainda foram oito meses com a professora particular de alfabetização, sete anos de terapia com a psicóloga, seis anos com a terapeuta ocupacional e mais oito anos com uma pedagoga que acompanhou o Edu desde a primeira infância até a pré-adolescência. Enfim, essas terapeutas foram muito importantes e, com o tempo, tornaram-se grandes amigas.

Essas profissionais acompanharam a nossa rotina diária e caminharam junto conosco nessa jornada, apoiando-nos em cada momento que surgia um fator de complicação, cada uma na sua área de atuação específica. Elas nos orientavam e, ao mesmo tempo, mostravam o progresso do Eduardo, valorizando suas conquistas e ganhos nas atividades preestabelecidas, impunham limites e nos conscientizavam das dificuldades por nós enfrentada como pais. Foram relacionamentos bastante saudáveis e prazerosos.

Tenho consciência de que trabalhar com um portador de algum tipo de dificuldade é muito estressante para qualquer profissional, uma vez que, por conta das limitações do paciente, chega a ser frustrante para eles frente ao tamanho da responsabilidade.

Lembro-me bem da primeira fonoaudióloga do Eduardo que, depois de um ano de atendimento intenso, pediu-me educadamente para procurar outro profissional porque ela não tinha mais condições nem habilidades específicas para dar continuidade ao tratamento.

O mesmo ocorreu com a profissional de psicomotricidade, que me disse: *"Sinto-me frustrada profissionalmente por não ter conseguido alcançar os objetivos propostos no início do tratamento"*. A própria psicóloga me comunicou que, por conta das limitações de linguagem do Eduardo, ela achava melhor parar com a terapia porque não tinha mais como contribuir para o crescimento pessoal dele e para a compreensão do seu mundo interior.

Admiro esses profissionais que enxergam com humildade o seu limite e o seu próprio sentimento de impotência profissional frente ao paciente. Sei que é um trabalho lento e que os ganhos são pequenos, para não dizer mínimos, principalmente frente aos problemas mais sérios. No caso do meu filho Eduardo, cujos sentimentos são próprios e, talvez, únicos, torna-se ainda mais difícil fazer uma avaliação, sobretudo quando não se tem um diagnóstico definido.

Outro ponto que é preciso abordar aqui é a questão da sexualidade. Lembro-me que o Eduardo começou a despertar sexualmente por volta dos 13 anos de idade, quando se iniciou uma nova fase em nossas vidas. E as dúvidas: como faríamos para lhe explicar sobre essa nova fase de sua vida, como deveria se comportar, onde e quando, por exemplo, ele podia se masturbar, como deveria se portar frente a uma menina, em que locais poderia tocar em seus próprios genitais.

Entramos numa nova etapa das nossas vidas junto ao Eduardo e, com ela, todo um aprendizado, tanto da parte dele quanto da nossa, fez-se necessário. Precisávamos ensiná-lo a se comportar em frente às outras pessoas. Isso não foi fácil e levou bastante tempo de ensinamento até que ele compreendesse as alterações pelas quais o seu corpo estava passando e como deveria se comportar quando estivesse em grupo. Nossa maior preocupação era não saber ao certo qual seria a reação das outras pessoas frente a determinadas atitudes sexuais do Eduardo.

Nossa primeira experiência nesse quesito foi vivenciada em uma das escolas em que ele estudou. Após deixá-lo na escola, fui para o meu trabalho e, por volta do meio da manhã, recebi uma ligação do diretor, solicitando a presença do pai ou da mãe imediatamente, pois precisava conversar com urgência com um dos dois.

Saí do trabalho sobressaltada e apreensiva com o que eu iria encontrar e o que teria acontecido. Cheguei à escola e o diretor me disse que o Eduardo havia se masturbado na sala do coordenador e pediu que eu me encaminhasse até lá. Ao chegar à sala, encontrei Eduardo sentado na cadeira do coordenador e este em pé, esperando-me. Uma cena bastante peculiar: Eduardo estava vestido e bem tranquilo, como se nada tivesse ocorrido.

Na minha ótica, o que o Eduardo realmente sabia era que havia feito algo inapropriado; por outro lado, ele não fazia a menor ideia do constrangimento da cena. O mais interessante, nesse caso, é que a escola, que sempre lidara com diversidades as mais variadas, não sabia o que fazer e, por essa razão, fui chamada lá naquele dia.

A sexualidade continua sendo um verdadeiro enigma do ser humano. Tabus e preconceitos continuam a existir mesmo com a evolução que tivemos nos últimos cinquenta anos ou mais. Portanto, tratar da sexualidade vem sempre acompanhado de medos, reservas, valores morais etc. Mesmo para quem sempre teve em casa liberdade para falar sobre sexo com naturalidade, tratar do assunto de maneira prática também é difícil.

Todas as explicações que são dadas ao Eduardo sobre qualquer que seja o assunto devem ser lúdicas para que ele as compreenda. Acredito que com a ação conjunta e integrada desenvolvida com a direção da escola, com sua psicóloga e nós, conseguimos mostrar e encaminhar com tranquilidade o desenvolvimento sexual e os desejos sexuais do Eduardo. Dessa forma, o transcurso da puberdade, da adolescência e de sua vida adulta deu-se de forma a permitir uma construção comportamental madura e favorável para a identidade do Edu como homem, adequada aos padrões impostos por nossa sociedade.

Vale ressaltar que, apesar da orientação psicológica da escola nos aconselhar que seria bom para o homem Eduardo ter a experiência do ato sexual, até hoje não conseguimos encaminhá-lo para o ato em si. Perguntamo-nos se o ato propriamente faz algum sentido para ele. Já conversamos com diversos psicólogos e terapeutas para ouvir suas posições, e até com pessoas próximas que também têm filho com alguma dificuldade. Entretanto, ainda hoje, encontramos dificuldade de fazê-lo vivenciar essa experiência.

Conversando com meu irmão Pedro, PhD em Física, que, mesmo tendo um pensamento bastante abstrato e objetivo tem algo de filosófico em suas posturas, ele não vê a necessidade nem a importância de o Eduardo vivenciar essa experiência, uma vez que ele ainda não a tenha solicitado, nem se pronunciado ou demonstrado interesse em ter uma relação sexual.

Uma vez, meu irmão nos respondeu com uma pergunta: *"A experiência do ato sexual fará alguma diferença na vida do Eduardo? Melhorará o seu comportamento?"*. Ele acredita que não. E nos explica que, para o Eduardo, isso não faz a menor diferença. Para ele, Eduardo é puro, inocente, ingênuo, e jamais terá a malícia dos adultos. Ele representa a pureza intrínseca das crianças em um corpo de homem. E nos diz mais: *"Para mim, o Eduardo é a própria leveza do Ser!"*.

Além disso, todos os problemas relacionados ao prazer sexual estão presentes na sociedade desde a Antiguidade. Há citações sobre a proibição sexual nas obras de Pitágoras e de Hipócrates, pai da Medicina, que dizia que os homens deveriam se afastar do ato sexual para reter o sêmen, porque este lhes dava força.

Para o meu irmão, o maior tabu relacionado ao sexo tem origem religiosa e no modo de pensar do Ocidente devido à tradição judaico-cristã, na qual o relacionamento sexual chegava mesmo a ser um grande pecado, tendo seu ápice com o surgimento da psicanálise no século XIX, introduzida por Sigmund Freud. Segundo ele, o que mais o espanta é que, no Antigo Testamento, o sexo não era tratado de forma proibitiva e cheio de tabus como nos dias atuais. Muito pelo contrário, Deus não nos castiga por isso. Ele é bom e ama Seus filhos!

Mesmo após a revolução sexual ocorrida durante os anos 1960, com a pílula anticoncepcional, o sexo continua a despertar os instintos mais selvagens nos humanos. Basta abrir os jornais diariamente para comprovar isso. Vá entender! Meu irmão vai além ao dizer que sexo, realmente, é gostoso e prazeroso, entretanto, não é essencial, como a água, por exemplo, e cita os animais, em geral, excluindo os primatas, dos quais somos descendentes diretos, que só se acasalam para a preservação da espécie.

Falar sobre a sexualidade com o Eduardo envolve um pouco de angústia e muitas limitações da nossa parte, porém, falar da reprodução humana mostrando figuras de livros, além de ser mais fácil, acreditamos que, para o nível de compreensão dele, seja muito melhor e bem mais eficiente, porque as figuras ajudam a entender e a compreender o que estamos tentando explicar sobre esse tipo de relação.

Já falar de sexualidade, relacionamento e afetividade, desejo e relação com outro indivíduo, leva-nos para uma situação mais delicada. Esse assunto será tema de outro livro que pretendo escrever, mostrando o comportamento do Eduardo nessa fase de sua vida. Como fomos criados com o lema que tudo vem ao seu tempo, acredito que esse dia pode ou não chegar.

Outro ponto sobre o qual acho oportuno refletir porque aconteceu em simultaneidade com o comportamento sexual do Eduardo, diz respeito à disciplina que devemos impor aos filhos. Os terapeutas pelos quais ele passou tratam como importante e essencial para o desenvolvimento das crianças o comprometimento de pais e paciente.

A convivência com uma pessoa diferente em termos comportamentais é difícil e devemos ter muita paciência mesmo. Muita tranquilidade e, principalmente, paz espiritual para não perdermos o eixo de orientação do norte da nossa bússola biológica. Só quem vivencia essa situação – ou passou por ela – tem condições de me entender.

É importante deixar claro que não estou fazendo um desabafo, apenas comentando o quanto é difícil essa jornada, principalmente porque, muitas vezes, não conseguimos entender o que Eduardo quer nos dizer. Algumas vezes me indago por que ele não tem a tal disciplina, da qual terapeutas e psicólogos falam tanto. Se ele nem tem limite para usar determinadas palavras, coisas etc., talvez até nem mesmo saiba quando deve parar.

Se, para nós, que vivemos num mundo cheio de regras, que compreendemos, que entendemos e respeitamos a individualidade do outro, como devemos ensinar tais regras para nosso filho? Ele é diferente! Até onde deve ir o limite dele? O limite é dele? Será o meu limite que deve ser imposto? É o limite do outro? Afinal, de quem é o limite?

Há momentos em que a minha cabeça gira pensando nessa tal disciplina, sobretudo quando penso no motivo de o Edu insistir em um tipo de comportamento repetitivo, num diálogo de uma só frase e de uma só pergunta. Será devido à falta de algo melhor na realidade para se ligar? Será falta de comprometimento da parte dele em desenvolver uma conversa normal, com perguntas e respostas diversificadas? Será falta de vocabulário? Temos que interferir para conseguirmos fazer com que ele se sinta bem em estar e em se comunicar com outras pessoas? São inúmeras questões a que não saberia responder – e creio que ninguém saiba, seja profissional da área ou não.

Às vezes, isso me atormenta. Porém, o que posso dizer do fundo do meu coração é: fico maravilhada e grata a Deus por poder olhar, todos os dias, para meus filhos, Eduardo e Felipe. Edu merece nossa atenção constante. E não consigo imaginar o que passou por sua mente durante todos esses anos. Acredito que ainda passe muita coisa na cabecinha dele e fico bastante feliz e alegre quando fecho os olhos e vejo aquele menino-homem nos dizendo:

> "Gosto de você, papai, e de você, mamãe, mas por que vocês não me deixam fazer o que eu quero, por que tantas regras e normas? Não consigo entender.
>
> Gosto da minha casa! Por que razão tenho que fazer somente o que vocês me mandam fazer, da maneira de vocês? Não me sinto com liberdade dentro da minha casa!
>
> Vou tomar o remédio porque você, mamãe, está pedindo e dizendo que é bom pra mim. Por quê? Eu sinto que fico mais tranquilo, mas pra quê? Para não aborrecer as pessoas que convivem comigo e com a minha ansiedade? É importante saberem também o que eu sinto, sabia?
>
> Vou me isolar para acariciar o meu corpo. Tenho uma sensação boa quando faço isso e me masturbo!
>
> Já sei que não posso me masturbar na escola, na frente de outras pessoas, e sei também que só posso ter prazer com meu corpo em casa, no banheiro ou no meu quarto. Por quê?

Por vezes gosto de ficar assim, desligado, vivendo no meu mundo. Por que você, mamãe, se incomoda tanto?

Não posso continuar a fazer isso. São minhas manias e tiques se estou agindo assim. Esse é o meu jeito, sinto prazer assim. Vocês é que não conseguem entender o que eu sinto. Por que vocês não gostam? O que vocês sentem quando eu faço isso?

Fico muito inquieto com as mudanças de rotinas, não consigo compreender direito. Por que fico desorganizado? Não consigo entender!

Não entendo direito por que, às vezes, meu pai chama a minha atenção e a maioria das pessoas com quem convivo me ameaça, fica brava comigo. Tem algo que eu faço de errado que não era para fazer? Por quê?

Por que as pessoas, principalmente minha mãe e meu pai, ficam chateadas comigo. Sinto até que eles ficam muito tristes?".

Como comecei a chorar escrevendo esse trecho e não conseguia me controlar, fui reler o que havia escrito, o que, geralmente, só faço em atividades ligadas ao meu trabalho, e pensei de imediato em retirá-lo. Entretanto, deixei-o ao perceber quanta cobrança comigo mesma estavam expressas, na forma como escrevi, o pensamento do meu filho.

Assim, pude ver que ainda tenho muito que superar, pois, quando escrevemos, damo-nos conta da realidade e de que a vida é curta demais para nos cobrarmos tanto e carregarmos um peso desnecessário nas costas. Portanto, papais e mamães, não devemos nos sentir culpados com os percalços que a vida nos traz, sem nos avisar, em nossa caminhada.

Sempre procuramos preservar e respeitar a privacidade do Eduardo, porque a pessoa com dificuldades como as do meu filho acaba não tendo a sua individualidade e o seu espaço preservados, o que culmina em pouca privacidade. Até mesmo em seus momentos íntimos, como o banho, ele fica sob nossa supervisão. Por mais que o deixemos no banho sozinho estamos sempre antenados. Mesmo quando ele quer ficar só, em seu quarto, ele o faz com a porta semiaberta, mas, em geral, a porta está mesmo aberta. Logo, ele não tem privacidade.

Por mais que tentemos dar a ele essa liberdade, sempre acabamos por querer controlar seus atos e, muitas vezes, temos que repreendê-lo e, até mesmo, chantageá-lo. Portanto, vivemos uma ambivalência: a liberdade é importante, sabemos disso, mas acabamos impondo regras de comportamento e de conduta, passando, muitas vezes, por cima dos sentimentos dele devido às suas limitações intelectuais. Uma pergunta que sempre nos fazemos é: será que ele tem, também, limitações em seus sentimentos? Não sabemos responder nem a esta, nem a muitas outras perguntas.

Um fato importante é que Eduardo, desde pequeno, foi acostumado a participar de todas as comemorações festivas de nossa família, uma família imensa, com muita diversidade, e nunca ficou isolado por suas dificuldades nem por ser diferente, os primos o faziam interagir e se integrar muito rapidamente em suas brincadeiras. Pode ser que, em certas famílias – e não quero fazer nenhum julgamento a esse respeito –, filhos diferentes sejam isolados com a intenção de protegê-los das regras impostas pela sociedade, ou que muitas famílias tentem se preservar evitando a exposição da criança.

Compreendo que tal atitude acaba dificultando o convívio da criança em sociedade, prejudicando-a, porque o respeito dos outros em relação aos diferentes precisa ser efetivamente praticado para que as regras sociais sejam igualmente aplicadas a todos. Por essa razão, na minha ótica de ver o mundo, a vivência restrita aos ambientes escolar e familiar é insuficiente para o convívio fraterno entre ambas as partes. Mas entendo perfeitamente bem que essa seja uma forma que encontramos para nos autoproteger.

Nessa busca por sua independência – ou nós é que a queremos, não sei direito –, chegou um momento em que Eduardo, aos 20 anos, quis sair sozinho para alugar filmes numa locadora que fica bem próxima da nossa casa. Ir à locadora, era só isso que ele queria fazer, aos seus 20 anos! Ficar assistindo a filmes é uma das atividades que lhe dão prazer.

Essa locadora é praticamente nossa vizinha, e como não é necessário ele atravessar a rua, demos autorização para ele ir sozinho. Esse é o único lugar, até hoje, em que ele vai só, e mesmo assim fico controlando seus movimentos pelo celular junto aos atendentes da locadora. É importante citar que os atendentes reconhecem e respeitam as dificuldades dele. Observo o carinho e a paciência dessas pessoas com o Edu. A atenção deles conosco é tão grande que, quando ele era menor, s telefonavam-nos avisando sobre os filmes que ele queria levar. E quando achavam que não era apropriado, diziam que já havia sido alugado.

Essa experiência é uma das razões pelas quais acredito ser importante a "exposição" do meu filho para a sociedade, porque, como já citei, o respeito entre as partes, pessoa diferente e pessoa normal, só é aprendido quando efetivamente praticado. É o lado fraternal do ser humano.

Só para dar uma ideia, como o Eduardo gostava, na época, de ver filmes sobre aviões, a vídeo locadora nos avisava quando chegava um filme novo com aviões. Segundo a locadora, ele alugou todos os filmes de avião que existiam nas locadoras dessa rede e há aqueles que ele gosta de assistir repetidamente.

Um fato bastante curioso, além de interessante, é que o Eduardo assistiu várias e várias vezes ao filme "Voo 93", da companhia aérea United Airlines, dirigido por Paul Greengrass e baseado nos atentados terroristas ocorridos nos Estados Unidos no dia 11 de setembro de 2001. Não sei bem ao certo o que lhe chamou tanto a atenção, se a música do início do filme, que ele ouviu muitas vezes, ou o drama e o movimento vivido pelos passageiros dentro do avião. Segundo a locadora, ele deve ter alugado esse filme umas 10 vezes. Essa continua sendo a sua melhor diversão, além de sair de casa com autonomia para ir à locadora, dizendo: *"Vou pegar fita!"*. Mesmo assim, ficamos antenados.

Outro fato curioso é o seu interesse em pegar os folhetos dos novos lançamentos dos filmes e os cartazes das propagandas do lançamento. Ele os observa com bastante atenção por horas e, em seguida, guarda-os em seu armário, onde tem uma pilha deles, todos arrumados dentro do padrão dele.

Ah! Atualmente, o Edu está com 24 anos. Resolvemos procurar mais uma vez o neuropediatra que o atendeu aos quatro meses de vida. Marquei uma consulta médica depois de todo esse tempo. Foi uma consulta bem minuciosa porque eu queria saber se existia algo mais que pudesse fazer para o seu crescimento e o seu desenvolvimento intelectual. Depois de uma avaliação criteriosa, tanto da parte motora quanto da parte cognitiva, o médico nos disse: *"Hoje, posso lhes dar um diagnóstico porque o Eduardo é um adulto. Acredito que ele tenha um déficit intelectual e algumas características de autismo, e ainda que a causa dessa deficiência seja inata e ele vá depender o resto da vida de vocês, pais, os ganhos conseguidos foram extremamente importantes para ele ter uma vida com certa independência".*

Ele também nos disse para não deixar nada interferir negativamente nas conquistas que ele obteve e nos explicou que se ele conviver com pessoas que têm mais dificuldades que ele é fácil de adquirir algumas manias e regredir no convívio com outras pessoas em geral.

No fundo, nós já sabíamos, só não queríamos aceitar. Muitas vezes nós questionamos os terapeutas e médicos sobre a possibilidade de o Eduardo ser autista. Percebíamos seus estereótipos e estes nos conduziam para esse tipo de diagnóstico, uma vez que a pessoa com autismo, e ainda por cima tendo déficit intelectual, precisa de apoios externos para compreender o mundo e, ao mesmo tempo, desenvolver a sua própria identidade como jovem e adulto e, de certa forma, libertar-se do mundo infantil para vivenciar outras experiências de acordo com a sua idade adulta. Entretanto, não tínhamos um diagnóstico emitido por um profissional, logo, o que achávamos ou deixávamos de achar não podia ser levado em consideração. Por mais óbvio que fosse, apesar de isso não fazer para nós a menor diferença, acredito que ainda não conseguimos transmitir a ele um entendimento do mundo.

Portanto, o diagnóstico que o médico nos deu apenas confirmou o que já imaginávamos ser o problema do Eduardo, porque todas as teses, livros e artigos que li a respeito do assunto durante todos esses anos não deixavam dúvidas de que o nosso filho tem autismo. A seguir transcrevo alguns parágrafos de textos que descrevem exatamente o que nós observamos no Eduardo durante a vida dele.

> "AUTISMO: "O autismo é um transtorno de desenvolvimento que compromete as habilidades de comunicação e interação social e, geralmente, aparece até os 3 anos de vida.
>
> Em maio de 2013 foi lançada a quinta edição do Manual Diagnóstico e Estatístico de Transtornos Mentais (DSM-V), que trouxe algumas mudanças importantes, entre elas novos diagnósticos e alterações de nomes de doenças e condições que já existiam.
>
> Nesse manual, o autismo, assim como a Síndrome de Asperger, foi incorporado a um novo termo médico e englobador chamado de Transtorno do Espectro do Autismo (TEA).
>
> Com essa nova definição, a Síndrome de Asperger passa a ser considerada, portanto, uma forma mais branda de autismo. Dessa forma, os pacientes são diagnosticados apenas em graus de comprometimento e o diagnóstico fica mais completo.
>
> O Transtorno do Espectro Autista é definido pela presença de **déficits persistentes na comunicação social e na interação social** em múltiplos contextos, atualmente ou por história prévia, de acordo com o DSM-V.
>
> As **causas do autismo** ainda são desconhecidas, mas a pesquisa na área é cada vez mais intensa. Provavelmente, há uma combinação de fatores que levam ao autismo. Sabe-se que a **genética e agentes externos** desempenham um papel chave nas causas do transtorno".[4]
>
> "DEFICIÊNCIA INTELECTUAL: segundo a Associação Americana sobre Deficiência Intelectual do Desenvolvimento (AADID), caracteriza-se por um funcionamento intelectual inferior à média (QI), associado a limitações adaptativas em, pelo menos, duas áreas de habilidades (comunicação, autocuidado, vida no lar,

---

[4] Disponível em: https://www.minhavida.com.br/saude/temas/autismo. Acesso em: 03 maio 2021.

adaptação social, saúde e segurança, uso de recursos da comunidade, determinação, funções acadêmicas, lazer e trabalho), que ocorrem antes dos 18 anos de idade.

No dia a dia isso significa que a pessoa com deficiência intelectual tem dificuldade para aprender, entender e realizar atividades comuns para as outras pessoas. Muitas vezes, essa pessoa se comporta como se tivesse menos idade do que realmente tem.

A deficiência intelectual é resultado, quase sempre, de uma alteração no desempenho cerebral, provocada por fatores genéticos, distúrbios na gestação, problemas no parto ou na vida após o nascimento. Um dos maiores desafios enfrentados pelos pesquisadores da área é que, em grande parte dos casos estudados, essa alteração não tem uma causa conhecida ou identificada. Muitas vezes não se chega a estabelecer claramente a origem da deficiência.

Principais causas: os fatores de risco e causas que podem levar à deficiência intelectual podem ocorrer em três fases: pré-natais, perinatais e pós-natais".[5]

Assim, ciente dessas limitações, que só o tempo nos apresentou, em 2015, Eduardo com 22 anos, conseguiu concluir o 3º ano do ensino médio na escola Espaço Aberto, dentro do sistema de inclusão.

Atualmente, iniciamos uma nova fase, uma busca pelas suas habilidades inatas para o desenvolvimento da sua aptidão profissional, por meio de tentativas, explorando, inicialmente, sua criatividade nos campos artístico e musical, com o objetivo de torná-lo capaz de adquirir algum tipo de conhecimento específico.

Por meio desses investimentos e da vivência nas aulas de artes e música com os professores particulares, Eduardo demonstrou maior interesse pelas aulas de artes em comparação com as aulas de música, apesar de gostar muito de tocar órgão eletrônico e teclado.

Identificada a sua habilidade voltada para as artes, traçamos, junto ao professor, alguns objetivos, quais sejam: trabalhar inicialmente em papel, com desenhos preestabelecidos, com traçado a lápis, por meio de linhas retas, curvas, traços finos e grossos, figuras geométricas, definição de limites e estudo das cores. Na sequência foram realizadas pinturas em tecidos, incluindo camisetas, até se chegar às pinturas em telas. Os desenhos são elaborados por mim e pelo seu professor de artes, porém, quem faz a pintura, escolhendo que tipo de tinta e a cor utilizada, é ele. A pintura com tinta acrílica é a preferida dele.

No momento estamos vivendo a sua aptidão profissional e a questão da ruptura do período escolar, da rotina de todas as manhãs. O acordar

---

[5] Disponível em: http://apaecba.org.br/deficiencia-intelectual#beneficiosedireitos. Acesso em: 03 maio 2021.

cedo e não ir para a escola tem sido muito penoso para o Edu. É difícil para ele compreender que essa rotina acabou e que ele está vivendo outro momento da vida dele.

Notamos que de todos os momentos vivenciados pelo Edu, talvez esse esteja sendo o mais angustiante, porque é notória sua impaciência de ficar todas as manhãs em casa, sem o contato com os professores e os colegas da escola. Na escola, a integração social, o relacionamento com os colegas, o horário da merenda, as atividades desenvolvidas e aplicadas de modo adequado à idade e ao nível de compreensão do Edu foram elementos importantes para o seu crescimento como pessoa.

Por fim, o Edu teve um grande progresso em sua construção como pessoa, porém, continua apresentando certas limitações em seu desenvolvimento lógico mental e no desempenho de tarefas ligadas ao seu dia a dia. A deficiência de sua linguagem verbal, o cuidado pessoal e seu relacionamento social ainda necessitam muito de respostas coerentes às suas demandas e que favoreçam sua autoconfiança e sua autoestima.

Acreditamos que ele sente, deseja, sonha e até sofre, como qualquer ser humano considerado normal. Nós é que precisamos nos libertar das nossas amarras, angústias e preocupações para deixá-lo ser livre. Devemos, cada vez mais, procurar proporcionar a ele uma melhor qualidade de vida e respeito às suas singularidades individuais.

9
A escola como parceira

> *Aprender não é um ato findo. Aprender é um exercício constante de renovação.*
> (Paulo Freire [1921-1997])

Escrever sobre a parceria entre nós, pais, e a escola, tem por objetivo contribuir para uma reflexão sobre o papel dos gestores das escolas frente à temática da educação inclusiva, procurando mostrar a importância da grade curricular adaptada a partir da construção, da implementação e da avaliação do projeto pedagógico específico para determinado aluno, bem como sobre o papel da ação docente e a real contribuição tanto da equipe de gestão como dos funcionários e dos alunos de uma maneira geral na consolidação de práticas inclusivas efetivas na escola.

Para as escolas receberem crianças com atraso cognitivo deveria haver uma estrutura de formação profissional mais sólida em relação à conscientização dos professores no sentido de entender que essas crianças precisam de mais tempo para o aprendizado, desde a linguagem verbal, o andar e até mesmo para aprender as competências necessárias para cuidar de si mesmas, como comer com autonomia.

Na verdade, não existe escola inclusiva para determinados problemas, pois as escolas que, de fato, trabalham com a inclusão, dependendo do atraso cognitivo, entregam essas crianças nas mãos de estagiárias de Pedagogia sob a supervisão das psicólogas. Digo isso porque, durante as minhas andanças nas escolas, querendo mostrar que o Edu podia ser inserido em determinada classe, muitas e muitas vezes tive que elaborar apostilas de leitura e escrita como guia de orientação para as estagiárias de Pedagogia que o acompanhavam em seu dia a dia escolar e, ainda, explicar como deveriam proceder com o Edu para a elaboração das tarefas.

Mais uma vez é interessante verificar que, no Brasil, fala-se muito em inclusão, entretanto, as escolas não estão preparadas para essa realidade. E creio que nas universidades brasileiras, esse tema sequer é levado em consideração na formação dos profissionais.

Recordo-me do meu irmão, o físico Pedro, comentar conosco que um dos motivos pelos quais o jornalista Diogo Mainardi, cujo filho, Tito, tem paralisia cerebral, optou por ir embora do Brasil, já que tem cidadania italiana, foi que as escolas no Brasil, no Rio de Janeiro e em São Paulo, não sabiam como proceder com seu filho.

Faço essa observação porque eu mesma, tendo formação em Arquitetura, era quem, muitas vezes, preparava e ajudava a escolher o material didático específico para as professoras e as assistentes aplicarem com o Eduardo, além de ter que pesquisar e indicar livros didáticos escritos em letra bastão para melhor entendimento dele, e, inclusive, explicar que a letra a ser trabalhada teria que ser a bastão e não a cursiva porque a bastão era mais fácil para a visualização do Eduardo.

Hoje, penso que eu só queria o espaço para a integração e a socialização com as outras crianças e agradeço a acolhida que tive em cada uma das escolas, que mesmo sabendo das dificuldades que teriam pela frente, abriram suas portas para o Edu poder estudar. Reconheço que foi desafiador e instigante para essas escolas, pois sei que crianças como o Edu enfrentam muitas dificuldades, tanto na vida como na escola, mas sei que valeu a pena cada uma das minhas tentativas de inclusão.

Tenho a compreensão de que as crianças diferentes demoram mais tempo para aprender do que as outras crianças, isso é mais do que normal. E até é possível que algumas crianças com limitações de aprendizado não consigam aprender algumas coisas, como qualquer outra pessoa, que também não consegue aprender tudo.

A deficiência intelectual – ou o atraso cognitivo, como é chamado hoje em dia – não é uma doença mental (estado psíquico atormentado), como a depressão, a síndrome de pânico, a esquizofrenia etc. Por não ser diagnosticada como uma doença, não podemos procurar uma cura. O que devemos buscar é proporcionar uma qualidade de vida melhor para essas crianças. Acredito que algumas crianças com deficiência intelectual conseguem aprender a fazer atividades que sejam úteis para a família e também para a sociedade, elas só precisam de mais tempo, de mais incentivos e até de apoio para obterem êxito.

Comecei minha procura por uma escola inclusiva quando o Eduardo completou 8 anos, pois, como já disse anteriormente, pelo que nos diziam, só precisávamos ter paciência, pois tudo era apenas uma questão de coincidência temporal, tempo de desenvolvimento *versus* tempo cronológico. Assim, fui eu mesma em busca da escola inclusiva.

Minha pesquisa por tal escola se iniciou mediante conversas com as terapeutas, outras mães e professoras. Depois, passamos a pesquisar na internet, e eu chegava a ligar e a conversar por telefone com a direção das escolas, explicando a situação do meu filho, e perguntava se a escola era inclusiva. Quando percebia que a diretora não compreendia direito do que eu estava falando, agradecia e ligava para outra escola. Foi uma longa procura até chegar a uma que tivesse algum diferencial específico para a deficiência de cada aluno.

Marquei uma entrevista com a diretora da escola Espaço Infantil, conversamos bastante sobre os problemas do Eduardo e ela indicou que o Edu ingressasse na turma de alfabetização, atualmente, a 1ª série do ensino fundamental. Após uma entrevista feita com o Eduardo, ele foi aceito mesmo com as suas limitações.

Ainda hoje me lembro da professora muito atenciosa e dos alunos bastante carinhosos e interessados em recepcionar bem o novo aluno. Até então o Edu só havia estudado em pequenas escolas de educação infantil, onde havia cursado o jardim de infância em todos os seus níveis. Essa nova escola era uma escola maior, com um número bem superior de alunos, além de oferecer todas as fases, da educação infantil até o ensino fundamental I.

A turma de alfabetização era no turno da tarde e tinha somente oito alunos. Foi nesse estágio que teve início a nossa batalha para o Edu aprender a ler e a escrever. Nessa escola, Eduardo participou de todas as apresentações e datas comemorativas, inclusive da festinha de doutor do ABC. Foi um ano tranquilo e de grande aprendizado. Nessa escola, ele frequentou até a 2ª série primária. Tenho boas lembranças desse período pelas amizades que Eduardo fez, principalmente com uma menina de turma, que o ajudou e o incentivou muito durante os anos em que lá permaneceu.

Foi nesse período que resolvemos contratar uma professora particular, a Cristina, para dar-lhe um reforço pela manhã em escrita e leitura. Ela vivenciou conosco os momentos de angústia pelos quais ele passou após a nossa viagem a Fernando de Noronha.

Nessa ocasião, o Edu passou por uma experiência traumática, que já foi relatada no capítulo 7 – A espera de uma certeza, relativa a algo que aconteceu quando desse passeio que eu e meu marido fizemos. Tenho certeza de que esse acontecimento mudou a nossa rotina diária, bem como a vida do Edu. Nós nos culpando durante muito tempo por termos realizado essa viagem. Felizmente, conversando com a psicóloga do Eduardo, ela nos mostrou que, como casal, tínhamos que viver a nossa vida, porque era importante para nós. Ela também nos disse que éramos pais presentes e que, apesar dos acontecimentos ou contratempos que apareciam em nossas vidas, tínhamos que enfrentá-los e procurarmos viver sem culpa. E, assim, fomos seguindo a nossa vida.

Contudo, não podemos negar que foi a partir desse acontecimento que se iniciaram os problemas de comportamentos do Edu, tanto em casa como na escola. Após muitas tentativas e reuniões com as psicólogas e pedagogas da escola, foi-nos aconselhado que procurássemos outra escola para que ele fizesse o 3º ano, dando continuidade aos estudos no ano seguinte. Esse fato nos deixou sem chão porque Eduardo se integrara bastante naquela escola e teríamos que começar a procura por outra que trabalhasse com crianças diferentes. Bateu o desespero, mas fomos à luta!

Estávamos bastante fragilizados e sensíveis por tais acontecimentos e com uma sensação de culpa tremenda que até em terapias não convencionais fomos procurar ajuda. Nessa época, o Eduardo tinha completado 10 anos e devido ao seu comportamento descontrolado, indicaram-me uma senhora, a D. Glória, que fazia aconselhamento espiritual, que levava um nome bastante peculiar: Terapia do Senhor. Diziam que ela era uma pessoa de muita fé e tinha até conseguido fazer milagres.

Ela morava bem longe da minha casa e eu tinha que atravessar a cidade de Fortaleza inteira para chegar à casa dela, mas, mesmo assim, fui buscar esse caminho. Agendei de imediato o primeiro horário, 7h, porque, depois dessa terapia, tinha que deixar o Edu em casa e ir para o meu trabalho.

No primeiro dia de aconselhamento tive que levar o Edu, porque era importante que essa guia espiritual o conhecesse. Relatei para ela o momento pelo qual estávamos passando, sobre o comportamento desorganizado do Eduardo, sua inquietação, seus medos, suas angústias e seus traumas. Expliquei sobre os tratamentos e as terapias que ele estava fazendo. Foi como se eu estivesse fazendo uma catálise, falando e falando tudo o que vinha na minha cabeça, sem parar.

Essa senhora me ouviu atentamente e ficou observando o comportamento do Edu. Fez uma oração e me orientou da seguinte forma: *"O Senhor Jesus é o seu psicólogo e você tem que procurar ter fé"*. Disse-me, ainda, que, com essas orações bíblicas eu poderia encontrar o caminho para a cura do meu filho porque, para Deus, nada é impossível. E citou alguns versículos, que aqui transcrevo.

Isaías 41,8-20 "Plantarei no Deserto... para que todos vejam e saibam, reflitam e entendam, juntos, que foi a mão do Senhor, eu sou o teu Deus, que segura a tua mão direita, que te diz "Não tenhas medo, sou eu que venho em teu socorro!".

João 14, 8-20. "Em verdade, em verdade, eu vos digo, aquele que crer em mim fará também as obras que eu faço. Tudo o que pedirdes em meu nome, eu o farei, de tal forma que o Pai seja glorificado no Filho. Se me pedirdes alguma coisa em meu nome, eu o farei".

Após as orações e já no final da seção, ela me explicou que para o tratamento surtir o efeito desejado, deveria haver uma duração mínima de três meses, uma vez por semana, com as consultas de aconselhamento com ela própria e agendadas previamente, e que as tarefas de casa solicitadas deveriam ser realizadas.

Era necessária a compra de um caderno para realizar as tarefas. Ela iria transcrever um texto bíblico por dia, que deveria ser lido e estudado, e grifado o versículo mais impactante, e escrever no caderno esse versículo. Após a escrita, eu deveria meditar e escrever para Jesus o que mais tocasse o meu coração. Além disso, durante toda a semana eu teria que me dedicar a um diálogo de amor ao Deus Pai, por pelo menos meia hora por dia, e que não era mais preciso levar o Eduardo até lá.

Então, segui fielmente as suas orientações e assim minha vida seguiu durante os três meses, com essa mesma rotina de oração. Ao final dos três meses, essa senhora foi visitar a escola em que o Edu estava estudando, no horário da recreação, para observá-lo, e me orientou a assistir uma missa na Igreja Nossa Senhora de Fátima, mas, antes, eu tinha que me confessar. Ela me disse que o Edu iria melhorar com o tempo, pois, para aquele que confia em Deus, nada é impossível. Ao final desses aconselhamentos, encontrei uma nova escola para o Edu.

Esse período de busca por uma solução que deixasse o Edu mais tranquilo foi muito desgastante para nós, mas, em especial, para ele. Lembro-me de uma noite em que eu estava bastante angustiada com seu comportamento e com os comentários da minha secretária, que dizia: *"Dona Jacqueline, esse menino está possuído!"*.

Fiquei tão nervosa com esse comentário que, sem saber direito o que fazer, acabei ligando para a sua professora particular, a Cristina, porque ela fazia parte do grupo de aconselhamento da comunidade Shalon. Ela se prontificou de imediato a vir para a minha casa com a supervisora do grupo.

Quando elas chegaram, o Edu estava mais calmo. Então, fizeram uma oração de paz no Edu. Após a oração, muito bonita por sinal, ele dormiu. Lembro-me como se fosse hoje o conselho que elas me deram: *"Jacqueline toda noite, mesmo dormindo, diga ao seu filho que você o ama"*. Até hoje digo sempre para ele que o amo, além de falar sobre amor.

Na época, indicaram-me para participar do aconselhamento e do momento de cura do movimento Shalon, segmento da Igreja Católica. As reuniões eram realizadas uma vez por semana, às 19h. No primeiro dia de aconselhamento levei o Eduardo comigo, mas para as semanas seguintes a minha conselheira pediu que eu fosse só. Foram três meses participando desses aconselhamentos, até que fui encaminhada para participar da missa de cura, e nessa eu deveria levar o Edu. Fomos nós dois.

Foi uma missa muito demorada, aproximadamente duas horas de oração, e o Edu ficou demasiadamente inquieto. Lembro-me de que, quando terminou a missa, uma senhora me chamou para fazer uma oração específica com o Edu e perguntou sobre o problema dele, pois o achou muito inquieto durante as orações. Quando lhe expliquei que ele tinha ficado assim depois da viagem que eu e o pai dele fizemos a Fernando de Noronha, eu mesma comecei a dar uma resposta e uma solução, e a encontrar o porquê de o Eduardo haver se descontrolado. Ao dizer: eu não deveria ter feito essa viagem, foi por conta dela que todos esses contratempos tiveram início, tudo por causa da ausência de carinho, de um momento de rejeição pelo qual o Edu passou com a minha secretária.

Em nossa ignorância, somente pelo fato de o Eduardo gostar de carinhos e abraços, achávamos que ele não era autista. Entendíamos isso como sua maneira de expressar o seu amor. Não fazíamos questão de observar outras variáveis que acenavam para o seu real problema.

Após esse momento, que marcou profundamente as nossas vidas, Edu passou a ter fixação pelo Iram. Foram meses de atritos, porque o Eduardo não queria saber de outra pessoa ao lado dele a não ser o seu pai. E ainda ficava fazendo a mesma pergunta várias e várias vezes – várias vezes talvez seja pouco; na verdade, dezenas, centenas de vezes – para o Iram. Era o Iram chegar em casa que começavam as inquietações do Eduardo e dava-se início à série ininterrupta da mesma pergunta, com a mesma resposta sendo repetida inúmeras vezes. Isso, de alguma forma, incomodava-nos.

Não sabíamos como lidar com essa situação, que terminava, quase sempre, com a perda de paciência do Iram, que se transformava. Sua calma habitual dava lugar à raiva, ao desespero, ao ódio – todas as suas emoções ruins vinham à tona. Em seu desespero por não saber lidar com a situação ele se isolava, ia para o nosso quarto e ficava se questionando o que deveria ter feito ou precisava fazer. Eu ia até lá e nos abraçávamos, até que a calma voltasse.

Realmente, não sabíamos mais o que fazer nem como deveríamos proceder, o que culminou por interferir em nossa vida conjugal, que ficou muito abalada durante essa época. Tive, então, a ideia de conversar com uma pessoa mais experiente, e ninguém melhor do que a minha sogra, com quem me dou muito bem e que passou a ter-me como uma de suas filhas.

Após expor a situação pela qual estávamos passando, solicitei orientação em como lidar com a situação e que me auxiliasse nessa caminhada. Prontamente, ela se comprometeu a nos ajudar, na medida do possível, deixando-me bem mais calma. Ainda hoje me lembro de suas palavras: *"Filha, fique tranquila. o amor de vocês é maior do que esse problema. Nós é que amplificamos os problemas. Não se preocupe, tudo voltará à normalidade"*.

Realmente, as pessoas idosas têm outra visão da vida, elas veem os problemas por outro ângulo, tornando-os mais simples. Conclui que essa é a razão pela qual dizemos que nossos pais são sábios.

Assim, após uma conversa entre mãe e filho as coisas foram caminhando de forma mais natural e nosso relacionamento voltou ao normal. Posteriormente, Iram comentou os conselhos sábios de sua mãe. Em sua sabedoria, minha sogra aconselhou o filho, dizendo-lhe: *"Iram, sempre que meu neto tiver esse comportamento, dê-lhe a atenção necessária para o momento. E quando você sentir que está perdendo a sua calma, saia de casa. Vá dar umas voltas para não ficar irritado com meu neto. Corra pela praia. Correr acalma e lhe fará bem. Quando sentir que está mais calmo, volte, abrace meu neto, dê-lhe um beijo, diga que você o ama muito e vá tomar um banho frio! Foi isso Jack, o que ela me falou. Tão simples!"*.

Depois dessa conversa entre mãe e filho, Iram mudou seu comportamento com o Eduardo, bem como as suas atitudes e, aos poucos, tudo foi voltando ao normal.

Acredito que de tudo o que passamos e vivemos, essa foi a pior época em nossas vidas. É difícil tentar uma explicação, uma vez que o Edu não sabia dizer o que estava sentindo e o que o deixava angustiado. Nenhuma das terapeutas conseguiu interpretar corretamente o que estava ocorrendo com Eduardo, eram apenas suposições, mas nada do que fizessem adiantava.

Foi quando, após várias idas e vindas à psicóloga, ela nos aconselhou que Eduardo fizesse uma consulta psiquiátrica porque ela concluiu que somente com uma medicação a situação poderia ser solucionada. Após a consulta com o psiquiatra e a medicação, o descontrole do Eduardo foi gradativamente resolvido.

Mas com tantas mudanças, como a introdução de um medicamento, a dispensa da minha secretária que acompanhou todos os problemas do Eduardo desde o seu nascimento, tornou-se necessária a contratação de uma pessoa com experiência em pedagogia. Dessa forma, uma estagiária em Pedagogia foi contratada e Eduardo passou a ter um acompanhamento pedagógico, com a pedagoga Sheila Mello, em minha casa, todas as tardes, fazendo um trabalho mais focado no próprio Edu.

Dando continuidade sobre a educação escolar do Eduardo, após a sugestão de matriculá-lo em outra escola que fosse mais apropriada, ao término do ano letivo, comecei a procurar a escola inclusiva. Depois de tantos telefonemas, conversas e visitas, encontrei-me acolhida em uma escola, onde o Edu fez novamente a 2ª série do ensino fundamental.

Era uma escola pequena de nome Meu Caminho, com poucos alunos, e o método de ensino adotado era o construtivismo. Utilizava uma pedagogia flexível, elaborada com base nos estudos sobre o desenvolvimento da inteligência e a aquisição dos conhecimentos realizados por Jean Piaget. A metodologia e o encaminhamento pedagógico dessa escola, revelando a natureza diferenciada da interpretação da realidade por parte da criança, de acordo com a etapa de desenvolvimento cognitivo em que essa criança se encontrava, era um dos pilares da escola.

Além disso, as crianças diferentes tinham, obrigatoriamente, apoio de uma estagiária para acompanhamento das atividades realizadas em sala de aula, como também para supervisioná-las durante os momentos de recreação no pátio, fazendo a integração com as demais crianças. Essas explicações por parte da coordenação escolar foram o ponto alto, além de bastante relevantes, para a efetivação da matrícula do Eduardo. As estagiárias se chamavam Auxiliadora e Beatriz.

Participei de muitas reuniões de pais e mestres. Foi uma época muito tranquila para o Eduardo e, consequentemente, para nós. As crianças eram muito atenciosas. Duas meninas da turma tornaram-se bastante amigas do Eduardo, além de serem muito amorosas com ele e sempre o estimularem muito.

Foi uma época de muitas festividades, palestras de psicólogos, datas comemorativas, reunião de avaliação, período de grande participação em eventos. Até que, um belo dia, quando o Eduardo estava concluindo a 4ª série, fomos notificados de que a escola fora vendida e que a nova gestão mudaria a concepção piagetiana.

Assim, a primeira providência tomada, no ano seguinte, foi a de alterar o nome da escola para escola Aprender e criar uma turma separada para atender somente crianças diferentes. Desse modo, o Eduardo e os outros três meninos diferentes que havia na escola ficaram nessa turma específica, isolados das crianças consideradas normais da escola, onde concluíram a 5ª série do ensino fundamental.

Na reunião de final de ano, a nova diretora nos avisou que a escola não mais teria condições de dar continuidade ao ensino fundamental II, ou seja, do 6º ao 9º ano. Além disso, alegou também que não teria mais espaço para a turma de crianças diferentes porque essas crianças já eram consideradas adolescentes. Não adiantava argumentar que esses alunos tidos como adolescentes devido à idade eram, na realidade, crianças...

Embora ainda tivesse comportamento de criança, Eduardo estava com 17 anos. Qual escola aceitaria um adolescente de 17 anos numa turma de 6ª série do ensino fundamental, em que a idade dos alunos gira em torno de 11 e 12 anos? Saí da escola nervosa, porém, ao entrar no carro, não sei por que me lembrei do modo de pensar do meu irmão, o físico, que, na sua humildade encara a vida de forma mais simples, dizendo-nos: *"The show must go on!"*. Assim, comecei a relaxar e rir enquanto dirigia de volta para casa. Procurei um CD do grupo inglês Queen, coloquei-o para tocar, com o volume alto, e saí cantando: *"The show must go on"*.

Como a única certeza que temos como humanos é o presente, iniciei outra batalha de procura pela escola ideal para o meu filho. A peregrinação, dessa vez, deixou-me muito desanimada. Foram muitos e muitos nãos recebidos. O argumento passou a ser praticamente o mesmo, na maioria das escolas: "Temos o maior interesse em receber seu filho, porém a idade dele é inadequada para uma turma de alunos de 6ª série".

Estava saindo de uma dessas escolas quando encontrei a mãe de um dos colegas diferentes do Eduardo, que disse que estava mantendo contato com uma determinada escola e sugeriu que eu fosse lá também, levando o Eduardo para avaliação. Quem sabe os dois poderiam continuar estudando juntos.

Nesse mesmo dia fui procurar a escola Kerigma e solicitei uma reunião com a psicóloga e a direção pedagógica. A providência divina é poderosa! Todas as portas estavam fechadas e, de repente, uma porta é aberta. Levei o Eduardo para a avaliação da psicóloga e da psicopedagoga, além da diretora. Em seguida, as três conversaram comigo e com o Iram. Passados alguns dias, a escola nos convidou para uma reunião e o Eduardo foi aceito para entrar numa turma da 7ª série do ensino fundamental. Alívio! Conseguimos vencer mais essa batalha e nos lembramos de que *"the show must go on"*!

A escola designou uma estagiária para fazer o acompanhamento do Eduardo durante o seu período de adaptação, que teve duração de dois meses. Esse período foi muito desgastante para o Edu, porque ele vinha de uma escola pequena, onde havia, na sua turminha, apenas três meninos diferentes, e entrou numa escola com muito mais alunos que a anterior, além de alunos com faixa etária próxima à dele. Essa experiência até então ele não havia vivenciado.

Foram dois meses turbulentos, com reuniões constantes entre a psicóloga da escola, nós e a pedagoga Sheila, que vinha acompanhando o Eduardo em minha casa, no período da tarde, havia alguns anos. Até que recebemos um ultimato da escola: seria dada somente mais uma semana para que o Eduardo se enquadrasse à rotina escolar.

Ao chegarmos em casa aconteceu uma conversa entre o Iram e o Eduardo. A conversa entre os dois foi muito séria e aberta: Iram mostrou a Edu pontos positivos e negativos. Caso não melhorasse, ele teria que sair da escola devido ao seu comportamento inadequado. Iram, para que o Eduardo compreendesse a gravidade da situação, usou um recurso bem lúdico, fez uso de figuras e desenhos. Foi bastante interessante a forma que ele encontrou de agir, ponderando os pontos positivos da escola e os negativos em relação a comportamentos inapropriados.

Considero esse dia mais uma ação da mão divina, entre tantas outras que recebemos e, muitas vezes, não valorizamos. A partir desse dia, o comportamento do Eduardo mudou completamente e ele se adequou maravilhosamente bem à rotina escolar.

É interessante ressaltar um acontecimento ocorrido nas férias de janeiro de 2010, por ocasião da comemoração dos 80 anos da minha tia Teresa, a irmã mais próxima da minha mãe. Estavam presentes todos os meus seis irmãos, que fizeram questão de saírem de seus estados (Distrito Federal, São Paulo, Paraná, Pernambuco e Rio de Janeiro) para comemorarem junto aos filhos da minha tia, por nós considerados irmãos, uma vez que fomos criados juntos em Teresópolis, no estado do Rio de Janeiro.

Nessas férias, Helena, minha sobrinha, foi muito atenciosa com o Eduardo e os dois tiveram um bom relacionamento de amizade. Posso até dizer que acho que meu filho teve um grande amor por ela, isto é, que ele tenha se apaixonado, no real sentido da palavra, pela prima. Mas isso nós nunca saberemos realmente. Essa foi a minha conclusão e a dos psicólogos com os quais conversei porque, durante alguns meses, ele falou muito na prima e pedia para ligar para ela todos os dias.

Nessa época, ele estava com 17 anos e a prima com 22. Justifico esse momento na vida do meu filho como o despertar do sentimento do amor pelo gênero oposto. Toda a família percebeu o seu encantamento pela prima. Às vezes, em meus momentos de indagações, fico tentando imaginar o coração dele, em como ele deve lidar com esses sentimentos. Se é difícil para nós externalizar tal emoção, para Eduardo imagino que seja a mesma situação. Achei importante relatar esse fato para tentar entrar na paixão, se é que faz algum sentido eu empregar esse termo, que o Edu teve por uma colega de turma.

Nessa escola, Eduardo vivenciou os seis anos de vida escolar mais tranquilos que ele teve. Ele se sentiu livre, convivendo com pessoas do seu tamanho, outros adolescentes, uma vez que a escola, além do ensino fundamental, tinha também o ensino médio. A felicidade dele era enorme, um mundo novo se abriu...

Sem dúvida alguma, foram anos e momentos magníficos, para não dizer mágicos, em sua vida acadêmica. Só tenho lembranças boas desse tempo. O carinho e o amor demonstrados pelos colegas de turma, a compreensão dos adolescentes, dos professores e dos estagiários que o acompanharam em sua adaptação no sistema de inclusão escolar foram sem precedentes para o seu amadurecimento.

A rotina dessa escola foi importante para o seu crescimento intelectual, uma vez que a escola proporcionava algumas atividades extras. Passeios foram muitos e atividades completamente diferentes daquelas que ele havia vivenciado até então. Visitas a cidades históricas, trabalho de integração dele junto aos adolescentes etc. Nesse período, o Eduardo fez alguns amigos, que o convidavam para passear, para suas festas de aniversário, dentre outras atividades próprias da adolescência. Lembro-me bem do Manuel, do Mateus, do Érico, da Ceci, do Victor, e muitos outros.

Como disse anteriormente, sempre comemorei os aniversários do Edu. Foi nessa escola que ele completou 18 anos. Fiz questão de preparar uma festa de aniversário que fosse apropriada para adolescentes. Assim, contratei e aluguei os serviços de uma Casa de jogos eletrônicos. Nunca vi meu filho tão feliz, cercado pelo amor e pelo carinho de praticamente todos os seus colegas de sala de aula, dos adolescentes mais chegados a ele, além dos amigos do Felipe, que estava completando 12 anos nessa ocasião. Foi uma festa com muita diversão, que marcou o Eduardo. Sabemos disso porque durante muito tempo ele dizia que queria outra festa igual.

Foi grande a importância dessa escola na vida do Eduardo. As psicólogas e as psicopedagogas foram muito dedicadas e interessadas no processo de aprendizado dele. Após uma avaliação bastante específica com o Edu, foi-nos proposto que ele fizesse parte de um grupo de estudos no período da tarde, na escola, coordenado por elas. O trabalho desenvolvido por elas nesse período era de psicopedagogia, numa sala denominada de Espaço de Ação, com alunos que tinham algum grau de dificuldade, duas vezes por semana. Nesses dias, o Eduardo almoçava na própria escola. Achamos essa iniciativa importante para a sua independência. Ele participou desse grupo até o 2º ano do ensino médio. Ali, ele ampliou o número de amizades na escola com a Vivian, a Isabela, o Amaro, o Lucas e outros.

Com 20 anos, o Edu terminou o ensino fundamental, participando da cerimônia de encerramento de entrega dos certificados. Essa comemoração foi na própria escola, à noite, com a participação dos alunos e seus familiares. A cerimônia teve início com um culto ecumênico, muito bonito, em que as orações eram todas cantadas. O culto foi seguido dos discursos dos professores e a festa cumpriu todos os protocolos necessários para o encerramento dessa fase escolar. Vale lembrar que além da nossa emoção de pais, foi emocionante ver a seriedade e a felicidade do nosso filho.

Outro fato que acho muito importante relatar diz respeito ao primeiro convite recebido por Eduardo para dormir na casa de um colega de turma. Esse episódio ocorreu quando o Edu estava cursando o 1º ano do ensino médio e um colega de turma, o Érico, o convidou para passar um final de semana com ele.

É uma situação difícil de encarar porque ao mesmo tempo em que ficamos contentes com o convite, sabemos das dificuldades do nosso filho em se comunicar. Assim, ponderei que seria melhor para ele que seu amigo passasse o fim semana em nossa casa, ou melhor, tentei, na realidade, convencer o Eduardo.

Como o amigo insistiu bastante entramos num acordo, o que foi muito difícil para nós, mas encontramos um meio-termo. Acabamos por concordar em deixá-lo passar o dia com o amigo. Assim, nós o levamos de manhã à casa do colega, que morava com o pai, pois seus pais eram separados. Apesar da sua idade, 16 anos, seu amigo era um menino bem amadurecido.

Deixamos o Edu no condomínio do amigo e ficamos de buscá-lo no fim da tarde, no Shopping Iguatemi, onde eles iriam ao cinema com outros colegas de turma. Como combinado, encontramo-nos por volta das 18h e, para nossa surpresa, Eduardo estava contente, com seis amigos adolescentes da sua turma, sentados a uma mesa na praça de alimentação, fazendo um lanche.

Foi uma emoção muito forte ver meu filho interagindo com seus colegas de classe e, o mais importante, perceber a forma carinhosa com que o tratavam, aceitando-o e respeitando as suas dificuldades. Fiquei sentada por alguns minutos, enxugando as lágrimas que escorriam pelo canto dos olhos, antes de aparecer na frente de seus amigos. O respeito ao diferente é uma das maiores preocupações que temos por ser um problema real em escala global.

Quando nos encontramos, o colega do Eduardo disse que ele tinha ficado bem, que tinha almoçado muito bem, que tinham jogado videogame e que o Eduardo havia cometido uma "bobeira". Muito educado e cheio de vergonha, comentou que essa foi a forma encontrada por ele e os colegas de escola para se referirem a ele sempre que ele fazia alguma coisa fora dos padrões. Disse-nos que Edu tinha jogado o tênis dele pela janela do apartamento, localizado no quarto andar. Quando ele fazia esse tipo de "bobeira" era muito triste para nós porque entendíamos esse tipo de comportamento como uma regressão.

O Érico também nos disse que durante a sessão do cinema, o Edu tirou a meia e jogou *"não sabemos para onde"* e, em vez de se sentar nas cadeiras, sentou-se no chão, e que ele e os colegas resolveram se sentar no chão também para fazer companhia ao Eduardo. E, assim, assistiram ao filme. Segundo o amigo, tinha sido uma experiência bastante interessante.

O final do ano estava se aproximando e todos iriam seguir seu caminho, cursar universidades, sonho que também tínhamos para o Eduardo e que não pôde ser concretizado. Encontramos esse amigo outras duas vezes no *shopping*, ele sempre muito educado, solícito e atencioso com o Edu, entretanto, nunca mais a experiência foi repetida. Entendo que se trata de uma responsabilidade muito grande para um adolescente.

Outra experiência que o Eduardo teve junto aos colegas de ensino médio foi no aniversário daquela colega, citada anteriormente, pela qual o Edu, muito provavelmente, apaixonou-se desde o primeiro dia em que a viu. O aniversário foi comemorado numa pizzaria e todos os colegas de classe foram convidados.

Nos dias que antecederam a comemoração, o Eduardo ficou muito agitado, querendo saber a todo o momento quando seria a festa. Os colegas, como sempre muito atenciosos, tranquilizaram-nos, dizendo que cuidariam do Eduardo. Assim, nós o deixamos com os colegas de classe na parte externa da pizzaria, enquanto ficamos na área interna, e pedimos para os colegas nos avisarem quando terminasse a comemoração. Dessa vez, de acordo com seus colegas, o Edu se comportou muito bem, divertiu-se bastante e estava muito feliz. É interessante que a essa reunião de colegas só foram os meninos da sua turma.

Alguns colegas do Eduardo ficaram curiosos em saber por que o Edu chamava o pai pelo nome, uma vez que isso não era comum. A minha análise para dar essa explicação reside no fato de que como eu sempre chamei o meu marido pelo nome, creio que o Eduardo, muito provavelmente, incorporou esse procedimento. Apesar de os colegas terem se dado por satisfeitos, recordei-me de que até os 8 anos, o Edu chamava o Iram de papai e, às vezes, de pai, e a partir daí passou chamá-lo de Iram.

Então, pensando melhor, não tem explicação, porque, do nada, o Edu começou a chamá-lo de Iram e assim ficou até hoje. Os dois têm uma relação de amizade e respeito muito grande. Edu tem verdadeira adoração pelo pai. Acredito que, para ele, o pai é um grande ídolo. Pelo menos, isso nos faz sentir que estamos mais próximos de seu eu interior.

A direção da escola do Eduardo, no final do 2º ano, comunicou-nos sobre o encerramento das atividades relacionadas ao ensino fundamental e médio. Deparamo-nos, assim, novamente, com esta terrível dificuldade: procurar escola para um rapaz de 22 anos cursar o 3º ano do ensino médio e, dessa forma, concluir essa fase de sua formação escolar. Fomos mais uma vez à luta!

Novamente, iniciamos a procura por escolas, entrevistas com as pedagogas e psicólogas quase sempre sem retorno. Mas, mais uma vez, a providência divina nos mostrou o caminho a seguir.

Indicaram-nos um colégio que estava aceitando os alunos da escola em que Eduardo estudava. Entretanto, deveríamos esperar que os alunos veteranos confirmassem suas matrículas. Após esse período, recebemos um telefonema da direção da escola para uma entrevista.

Fomos recebidos pela direção pedagógica da escola Espaço Aberto, que nos encaminhou para uma reunião com a psicóloga educacional para avaliação. Eduardo foi entrevistado pela psicóloga por meio de uma ficha com perguntas e respostas que eu achei extremamente interessante, pois as perguntas eram sobre toda a identidade do aluno, assim como seus anseios, sentimentos e interesses em estudar.

Dessa reunião fizemos questão que o Emanuel Pierre, o estudante de Psicologia que havíamos contratado para fazer o acompanhamento do Eduardo durante todas as tardes, na minha casa, também participasse, com o objetivo de deixar o Edu mais tranquilo e confiante.

Esse estagiário, o Emanuel, ingressou em nossa vida por indicação da psicóloga da escola do Eduardo, por ocasião de uma reunião pedagógica com o objetivo de nos mostrar o relatório de avaliação da evolução do Edu, na passagem da 9ª série do ensino fundamental para o ensino médio. Nessa ocasião, foi-nos recomendada a contratação de um psicólogo ou um pedagogo do gênero masculino para acompanhar o Eduardo. A razão diz respeito ao fato de ele estar na adolescência, sendo muito importante para ele ter uma amizade com uma pessoa do mesmo gênero que o seu, com quem tivesse a liberdade de conversar sobre assuntos diversos, inclusive sexo e sentimentos, pois esses assuntos estavam claramente evidenciados como uma das necessidades do Edu. Prontamente, Emanuel se prontificou a nos ajudar nisso.

Há coincidências para as quais não consigo encontrar uma explicação a não ser pela ação de uma entidade superior a nós. A pedagoga que vinha acompanhando o Eduardo há vários anos, em nossa residência, para minha surpresa e angústia, comunicou-nos que fora aprovada num concurso público e que, por essa razão, teria que suspender os atendimentos e o acompanhamento pedagógico junto ao Edu porque se mudaria para assumir o novo emprego.

Quando penso nessas coincidências que a vida nos traz, vejo que, de alguma maneira, ainda não somos capazes de compreender. Há a intervenção de uma entidade superior, a mão de Deus, que quer o nosso bem, que faz tudo para que os obstáculos sejam ultrapassados e as coisas acabam se encaixando, como em um quebra-cabeça. Faço essa observação porque, quando resolvi preencher o tempo do Eduardo durante o período vespertino com atividades mais produtivas e menos onerosas, conversei muito com a psicóloga dele. Nessa época, os atendimentos ao Eduardo eram: acompanhamento terapêutico (três vezes por semana), psicóloga (duas vezes por semana), iniciação à informática (duas vezes por semana), além das aulas de natação.

Foi nesse contexto que nos foi proposto que o Eduardo tivesse um acompanhamento de um estudante, um estagiário de Pedagogia ou de Psicologia, no período da tarde, para trabalhar as chamadas AVD (atividades da vida diária) linguagem, escrita e comunicação verbal. Essa foi a decisão mais acertada que tomamos na educação do Eduardo porque o desenvolvimento social e cognitivo do meu filho foi simplesmente espetacular.

Essa rotina se iniciou, como relatei anteriormente, com a Sheila, pedagoga, que se dedicou com bastante afinco, posso até dizer que com amor, ao desenvolvimento do Edu, o que a levou a especializar-se em educação especial. O trabalho por ela desenvolvido compreendia a área cognitiva, com conteúdo de português focado nas vogais e nas consoantes, escrita do nome e interpretação de pequenos textos e de filmes, além de matemática, com ênfase, principalmente, nos números de 0 a 100, e formação de conjuntos, enquanto na área de informática, o foco residia na digitação e no software de jogos interativos.

A área de cuidados pessoais – AVD – tinha seu foco na escovação dos dentes, no banho, no vestuário, no lanche e em passeios. Esse trabalho foi desenvolvido na minha casa e foi muito importante para o Eduardo para estabelecer rotinas e limites, desde a identificação da pessoa como sujeito até o seu entendimento e a sua percepção relativos ao mundo em que está inserido.

Como pessoa, essa pedagoga se tornou bastante querida por todos nós. Além de participar da nossa rotina, foi uma profissional firme e decidida, utilizou várias técnicas e práticas para ensinar o Edu a ler e a escrever, influenciando diretamente no aspecto comportamental e no relacionamento dele com outras pessoas fora do círculo familiar.

O trabalho iniciado pela pedagoga serviu de base para a continuidade do trabalho do estudante de Psicologia, ciência, se assim podemos chamar, que estuda o processo mental, o emocional e o comportamental do ser humano.

O trabalho desenvolvido por ele foi centrado na área afetivo-emocional, direcionado para o processo de socialização e de comportamento. O desenvolvimento do Edu na comunicação verbal foi notório, aumentando o seu vocabulário e a interação com outras pessoas, como também o seu comportamento em diferentes situações. Esses aspectos afetivo-emocionais que foram trabalhados ocorreram, em sua maioria, com práticas externas, de campo, de vivências do dia a dia, como: passeios a *shoppings*, lanches feitos fora de casa, praias, reuniões com amigos, participação em aniversários, visitas a escolas e faculdades, caminhadas a beira-mar etc.

Enfim, o trabalho desenvolvido pelo Emanuel foi bastante relevante e importante por conduzir Eduardo para o mundo externo. Noto, pela forma como o Eduardo se refere a ele, como um grande amigo de saídas, de passeios etc. Ele, aos poucos, tornou-se um grande amigo da família também.

Quando o Edu ingressou no 3º ano do ensino médio, começamos a nos preocupar em que tipo de atividade ele se enquadraria para fazer após o término do período escolar. Foi, então, que resolvemos mudar o profissional que o acompanhava à tarde para um da área pedagógica, para incentivar a leitura e a escrita, pois, nessa época, o Edu demonstrava grande interesse pela leitura.

Foi assim que contratamos, por indicação da coordenação pedagógica da escola do Eduardo, uma pessoa com formação específica em Pedagogia, a Déborah Saraiva. Entramos em contato com uma estagiária, na época estudante de Pedagogia, que fez o acompanhamento escolar do Eduardo na escola.

Essa pedagoga foi a responsável por desenvolver um trabalho diferenciado com o Edu, além de acompanhá-lo, desde o início, em todas as aulas de artes e música. Posso dizer que ela o estimulou a descobrir o talento dele, o mundo das artes. Até hoje ela faz o acompanhamento pedagógico do Eduardo. Apreciamos bastante a maneira como ela desenvolve o trabalho dela. Além de ser uma forma de ensinar bastante lúdica, ela leva o Edu a um processo de compreensão de cada letra, de palavras e de frases.

Para ser alfabetizado, o Eduardo passou por várias práticas de alfabetização. Foi um processo lento e demorado. É como dizem: cada um tem o seu tempo e tudo deve ocorrer no momento certo. O importante é que ele reconhece todas as letras do alfabeto e os números, além de conseguir formar palavras e algumas frases. Então, ele foi alfabetizado? Acredito que sim! Ou não! Portanto, não é no tempo que nós queremos ou sonhamos que as coisas ocorrem.

O mérito do entendimento das letras, dos números e das palavras pelo Edu, ou seja, sua alfabetização, é das estagiárias que contratamos para lhe dar suporte. O resultado veio pela metodologia por elas empregada, utilizando diversos recursos e técnicas para despertá-lo para a leitura, como o método em que as letras eram colocadas no chão e embaralhadas para que o Eduardo montasse palavras e pequenas frases, sempre buscando o entendimento do Edu de cada palavra.

Além desse importante trabalho de estimular o mundo da leitura e da escrita, sentia, desde o início dos trabalhos com as estagiárias, tranquilidade por parte do Edu. Elas pareciam transmitir paz, serenidade, porque a concentração do Edu diante das tarefas propostas é bem grande e motivadora. Percebemos a felicidade dele ao formar as palavras e as frases de maneira correta.

A rotina das tardes com as estagiárias seguia um cronograma de atividades bem estruturado: havia o momento da escrita e o da leitura, do acompanhamento para as aulas externas, do assistir filmes, do contar histórias e das saídas para passeios dirigidos. O maior objetivo em todo esse processo, além de ensiná-lo a ler e a escrever algumas frases, foi o de incentivá-lo para a sua independência como pessoa, porque não somos eternos, e essa é uma das grandes preocupações que temos com o Eduardo.

No início de 2015, após a conclusão do ensino médio, passei a visitar várias escolas específicas para crianças especiais, pois era importante que o Eduardo mantivesse sua rotina diária. Assim, num primeiro momento procurei cursos de Desenho ou Artes. Pesquisei, liguei e visitei várias instituições. Entretanto, obtinha sempre a mesma resposta: curso uma vez por semana com carga horária de duas horas semanais. Concluí que essa atividade deveria ser considerada pelas instituições como um *hobby*.

Como era importante que o Edu mantivesse a sua rotina matutina e/ou a vespertina, era necessário que o curso tivesse uma carga horária de 20 horas semanais no mínimo. Já que não encontrei um curso com essa carga horária, comecei a procurar instituições de ensino superior e, para minha surpresa, não encontrei nenhum curso nos moldes que imaginava.

Para completar, a resposta que me davam parecia combinada: *"Não será oferecido este semestre"*.

Esse fato chamou minha atenção, uma vez que, no Brasil, fala-se tanto em integração social de pessoas diferentes. Pude, então, vivenciar que ainda estamos longe da efetiva integração. No caso do meu filho, queria apenas um curso de Artes que não fosse tido como *hobby* para os não diferentes.

Assim, fui levada a pensar nas dificuldades que são impostas pela própria sociedade aos diferentes, como as ruas e calçadas inapropriadas para deslocamento dos cadeirantes, dos deficientes visuais e dos deficientes auditivos. Fiquei triste ao pensar nesse problema porque, para essas pessoas, as dificuldades por elas enfrentadas são simplesmente absurdas, mas de simples solução pelo poder público.

Entretanto, quando penso nas pessoas de gênero diferente, que não são respeitadas em sua individualidade, chegando a serem agredidas moral e fisicamente, percebo que temos muito que caminhar. Eu me pergunto: o que temos a ver com as escolhas sexuais de cada um? Por que isso incomoda tanto as pessoas? Deus nos fez livres, deu-nos o livre-arbítrio, portanto, vamos respeitar nossos irmãos humanos diferentes. Fica aqui o meu desabafo e a minha solidariedade para com nossos semelhantes.

É importante colocar que não são apenas essas pessoas que sofrem discriminação. Até mesmo os mais pródigos, chamados de *nerds*, são discriminados, não tendo, inclusive, escolas adequadas para o seu potencial, tendo eles que se contentarem em serem "normalizados", nivelados por baixo de seu real potencial. Assim, concluo que só mesmo com educação de qualidade podemos superar, respeitar e aceitar o convívio em sociedade com as pessoas diferentes. Essa é outra discussão que merece muita atenção por parte dos nossos dirigentes.

Resolvi, eu mesma, visitar algumas das escolas para crianças diferentes. E em todas as escolas que visitei a resposta foi a mesma: não havia vaga naquele momento. Por fim, resolvi agendar uma visita e uma entrevista do Eduardo com a direção e a coordenação pedagógica numa escola com atividades interdisciplinares, cujas aulas haviam iniciado naquela semana.

Minha impressão sobre a escola é a de que era uma casa que fora adaptada, não integralmente para crianças diferentes. As salas de aula eram pequenas, com pouco espaço físico para, no máximo, cinco alunos, sendo que todos apresentavam limitações bem severas se comparados com o Eduardo. Chamou a minha atenção a lista de material escolar, correspondente a crianças que ingressariam no jardim de infância, o que não correspondia ao caso do Edu.

Achei o espaço físico, como um todo, muito pequeno: uma sala de aula, uma cozinha que também era utilizada como refeitório, a sala da psicóloga e da pedagoga, e a sala de estar com uma área externa de recreação bastante pequena, onde havia uma bica para as crianças terem a experiência do banho uma vez por semana.

Essa visita me deixou muito chocada com o que presenciei nos minutos em que lá fiquei. Observei um adolescente gritando muito alto e se batendo – acredito que devia ter algum transtorno; duas meninas, uma com Síndrome de Down e outra que não falava e apresentava tiques; e outros dois adolescentes com comprometimento nos membros superiores e tiques; e todos estavam na área de recreação. Saí dessa escola totalmente arrasada porque eu não tinha passado por essa experiência até esse dia.

Apesar de a conversa e entrevista com a psicóloga ter sido focada no processo de aprendizado e desenvolvimento do aluno quanto aos aspectos sócio-afetivos, cognitivos e psicomotores, essa escola, pela vivência que adquiri ao longo dos anos, não me convenceu, principalmente pelo que observei em tão pouco tempo, talvez por ter conhecido e ter tido contato com uma realidade até então por mim desconhecida. Foi dessa forma que eu conheci um mundo que não tinha vivenciado: muitos adolescentes com problemas diversos.

Em outra escola que visitei acompanhada do Edu para uma entrevista com a psicóloga, apesar de ser maior, os alunos eram distribuídos em salas diferentes de acordo com o tema a ser estudado. Em cada classe havia entre três e cinco adolescentes. Visitei a sala de estudo de português e matemática, o espaço de artes, o teatro e o refeitório, tudo muito organizado. Porém havia adultos com idade acima de 30 anos e com comprometimentos bastante severos.

O Eduardo foi entrevistado pela psicóloga e pela pedagoga, que ficaram de dar, posteriormente, uma resposta. Cerca de uma semana depois, a resposta foi que não tinham mais vagas naquele semestre. Como não era o que eu estava procurando para o meu filho, recebi a notícia sem me chatear e parti a procurar outra escola.

Chegamos, finalmente, a uma escola cujo trabalho eu conhecia havia muito tempo, a Associação de Pais e Amigos dos Excepcionais (Apae). Era uma última cartada, já não tinha mais o que procurar, que se encaixasse nas condições que eu buscava para o Eduardo.

Sempre chamou minha atenção o trabalho realizado pelo núcleo de treinamento profissional desenvolvido pela Apae. Nesse núcleo, o trabalho incluía, além das oficinas terapêuticas, que tinham por objetivo desenvolver as habilidades e as potencialidades das pessoas com necessidades especiais e deficiência intelectual, outras atividades, como artes, música etc.

Então agendei um horário para a entrevista e fui no dia marcado com o Edu. O processo de entrevista começou comigo e foi finalizado com ele. Fomos entrevistados pela assistente social, por uma psicóloga, por uma fonoaudióloga, por uma pedagoga e por uma fisioterapeuta. Após essa tarde de avaliações, fui informada de que o Edu poderia estudar na Apae duas vezes por semana, às segundas e sextas-feiras.

Em seu primeiro dia de Apae, o Eduardo nos disse que era tudo muito diferente. Perguntávamos: *"Como assim?"*, e ele respondia dizendo que era diferente. Concluímos que o que ele queria dizer com o termo diferente era o fato de ele, até então, só haver estudado em escolas regulares, em sistema de inclusão, estudando de forma regular.

Após uma longa conversa com ele, eu e a pedagoga que o acompanha em casa, conseguimos fazê-lo ver que essa era uma oportunidade única para ele continuar a estudar. Após frequentar três semanas de aulas na Apae, o Eduardo pediu para sair de lá. Quando perguntamos o porquê, ele simplesmente respondeu: *"Essa escola é boba!"*; *"Como assim, Eduardo?"*; *"Eu quero voltar para a outra escola porque essa é muito boba. Eu já sei tudo!"*.

A agenda escolar que foi desenvolvida para ele compreendia aulas de matemática, informática e programa de integração social (PIS). O espaço e o ambiente eram muito diferentes do que ele estava acostumado. Acredito que, provavelmente, o Edu sentiu falta da acolhida dos colegas, algo que ele teve em todas as outras escolas que frequentou, da rotina escolar de diversos tipos de aulas e professores. Enfim, ele não conseguiu se adaptar ao sistema de ensino proposto pelo núcleo de treinamento profissional da Apae, o que foi uma pena.

Em virtude da não adaptação, desenvolvemos, com o auxílio de psicólogos e pedagogos, uma agenda específica para o Eduardo. Assim, hoje em dia, a sua rotina semanal pode ser resumida da seguinte forma: saídas a campo três vezes por semana, em dias intercalados, no período matutino, com o psicólogo; no período vespertino, todos os dias da semana, acompanhamento com sua pedagoga, com todas as atividades sendo desenvolvidas em casa (leitura, escrita e matemática básica); as segundas, quintas e sextas-feiras, duas horas de aulas de artes; e prática de exercícios físicos ao entardecer, na academia próxima a nossa casa, sob supervisão de um profissional em educação física, aeróbica e musculação.

Essa foi a forma que encontramos para preencher seu tempo com uma rotina diária envolvendo atividades que desenvolvam seu lado cognitivo, suas aptidões pessoais e sua integração social, além de manter sua saúde física e sua independência pessoal.

Graças a esse programa o Eduardo é bastante feliz, o que pode ser facilmente constatado quando olhamos para suas feições. Seus olhos brilham, transmitindo-nos alegria mesmo que ele não consiga expressar verbalmente esse sentimento. Porém, como mães, sabemos interpretar e reconhecer quando nossos filhos estão ou não felizes.

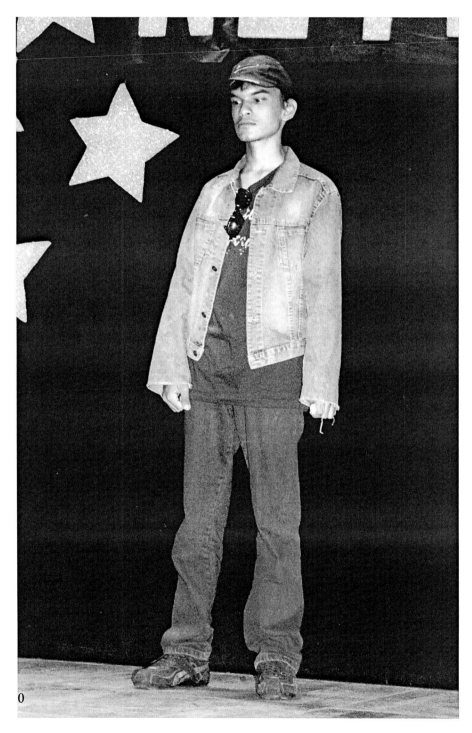

10
Enfrentando a discriminação

A única vez em que você não pode falhar é a última vez em que tentar!

(Charles Kettering [1876-1958]).

Por muito tempo meu coração sentia o sentimento da discriminação, não em relação a mim, mas ao Eduardo, principalmente quando íamos pela primeira vez a locais em que não nos conheciam ou quando conhecíamos pessoas novas, principalmente crianças. As crianças são sinceras, falam o que sentem. Quem se sentia magoado não era o Edu e, sim, eu.

Por vezes tive que conversar com algumas crianças para explicar por que o Edu era diferente delas. Fazia isso de forma bastante lúdica, mostrando-lhes alguns exemplos, como: *"Olhem para as pessoas que estão aqui conosco. Observem que todas são diferentes. Vamos olhar para as nossas mãos. Percebam que nenhum dos nossos dedos são iguais, cada um tem um tamanho. Observem essas linhas. São as nossas digitais. Vejam que também são diferentes. Não existe nenhum ser humano com a mesma impressão digital. Portanto, todos nós somos diferentes em menor ou maior grau. O mais importante é que temos o dever de respeitar as limitações uns dos outros"*. E concluía dizendo que cada criança, cada pessoa, tem o seu tempo para se desenvolver. E sempre percebi que elas entendiam perfeitamente a minha explicação e até queriam ajudar.

O que mais me magoava era quando o questionamento vinha de um adulto e quando, em várias ocasiões, veio de alguém da minha própria família ou muito próximo a nós. Essas atitudes doíam profundamente em meu ser, era como estivessem enfiando algo pontiagudo em meu coração. Tive muita dificuldade em trabalhar comigo mesma esse problema. Recorri à ajuda psicológica, inclusive para aprender a lidar com esse problema.

No início eu me sentia culpada pelo meu filho ser assim. Ficava me perguntando onde nós havíamos errado ou o que deixáramos de fazer. Ficava bastante incomodada e, para não entrar em uma discussão sobre aceitação, muitas vezes fingi que não ouvi, ou, quando ficava muito chateada, dava uma desculpa para irmos embora, mordendo-me de raiva por não ter respondido.

Foram anos e anos engolindo em seco. Com o tempo e a ajuda da minha terapeuta, concluí que seria mais fácil aceitar a ignorância das pessoas, mesmo daquelas com todos os títulos, como fazendo parte da nossa cultura atrasada e discriminatória, tão comum abaixo da linha do Equador. Assim, passei a aceitar esse comportamento, procurando não ficar extremamente decepcionada com a pessoa. Hoje, posso até citar vários momentos em que o Eduardo foi discriminado sem piedade, mas antes vou definir o que é discriminação.

> Discriminação: substantivo feminino que significa distinção ou diferenciação. No entanto, o sentido mais comum do termo é designar uma ação preconceituosa em relação a uma pessoa ou a um grupo de pessoas.
>
> A discriminação ocorre quando alguém adota uma atitude preconceituosa (baseada em ideias preconcebidas) em relação a alguém, seja por questões raciais, de gênero, de orientação sexual, de nacionalidade, de religião, de situação econômica ou qualquer outro aspecto social.
>
> Uma atitude discriminatória resulta na violação do artigo 7 da Declaração Universal dos Direitos Humanos de 1948: "Todos são iguais perante a lei e têm direito, sem qualquer distinção, a igual proteção da lei. Todos têm direito a igual proteção contra qualquer discriminação que viole a presente Declaração e contra qualquer incitamento a tal discriminação".[6]

Assim, pela definição, como vemos, a discriminação consiste num ato de diferenciar, excluir ou restringir; uma atitude contrária a qualquer característica específica e diferente de outro ser humano, que pode resultar na destruição de sua autoestima, bem como dos direitos do outro.

As sequelas psíquicas de cada ato discriminatório somente o tempo nos mostra. Na literatura especializada e na não especializada encontramos uma quantidade assustadora de casos relatados em que a discriminação acaba por levar a um nível exacerbado de estresse, que culmina por levar as pessoas até mesmo ao suicídio.

No caso do meu filho Eduardo, desde muito pequeno presenciei vários casos discriminatórios, alguns de exclusão, principalmente em festas infantis, quando estas não eram de seus colegas de classe, e até mesmo em festas da minha própria família. A verdade é que eu ficava numa postura defensiva, acho que até eu mesma queria mostrar que ele não era diferente e, sim, que as limitações dele eram uma questão de tempo, que iria passar e ele iria aprender tudo, como uma pessoa considerada normal, pois eu acreditava – ou queria acreditar – no que os médicos diziam.

---

[6] Disponível em: http://www.significados.com.br/discriminacao. Acesso em: 03 maio 2021.

Tive que trabalhar muito comigo mesma para ver a verdade que se mostrava na minha frente, que eu não queria aceitar, até mesmo por acreditar nos médicos que acompanhavam Eduardo. Tive que fazer um esforço mental muito grande para tomar conhecimento da real situação do meu filho.

Alguns casos pelos quais passamos cumpre relatar, por terem sido situações que ainda hoje vejo e que me deixaram cicatrizes, porque sempre que me lembro percebo o quanto me magoaram.

No aniversário de um coleguinha do Edu, ele estava com 8 anos. Na festinha desse colega, sua mãe fez uma brincadeira: era um jogo entre meninos e meninas, no qual as crianças ficavam sentadas uma atrás da outra e cada uma era chamada para responder a uma pergunta. As perguntas eram bem simples pelo que pude perceber.

Eu, como mãe do Eduardo, pensei: no desenrolar da brincadeira, quando chegar a vez dele, com certeza o meu filho responderá sem nenhuma dificuldade. Entretanto, para minha surpresa, quando chegou a vez do Edu, a mãe desse colega me chamou e disse: *"Jack, tire o Eduardo daqui, porque ele não sabe nada"*.

Imaginem o que eu senti ao ouvir essa frase. Imediatamente, os meus olhos se encheram de lágrimas, enxuguei-as e encontrei força o suficiente para tirá-lo da brincadeira. Hoje, vejo como fui tola e ingênua em não ter respondido à altura a essa mãe, defendendo a minha cria.

Quanta prepotência e discriminação dessa senhora! Como atitudes agressivas não fazem parte da minha personalidade, fiquei na festa por educação, até a hora do parabéns, remoendo-me em dor pelo meu filho, e fui brincar com ele de outra coisa, somente nós dois, isolados num canto da festa, esperando o bolo para irmos embora.

Quando cheguei em casa, fiz a ele as mesmas perguntas que tinham sido feitas na festinha às outras crianças, além da pergunta que fizeram para ele, e qual não foi a minha surpresa quando ele, Edu, respondeu a todas as perguntas bem direitinho. Hoje, provavelmente, eu teria outra postura, dando-lhe uma bela resposta e, com certeza, retirando-me da festa, o que teria sido muito melhor para nós. Na atualidade, não tenho mais questionamentos sobre a razão e o porquê do comportamento do Eduardo, e meu lema passou a ser: bateu, levou!

Foram vários os momentos de tristeza pelos quais passei, até mesmo o de me culpar por ter medo do futuro do meu filho; e sentimentos de raiva e até de ódio, devido à exclusão ou à discriminação, seja lá qual é a melhor palavra a ser empregada, pela qual meu filho já passou. E sempre que sentia esse desconforto em meu coração e em minha mente, só existia uma pessoa que me acalmava e me revitalizava, desfazendo esses sentimentos com suas palavras sábias, já que eu me sentia à vontade para gritar, chorar, xingar etc.: era a minha mãe.

Segundo o meu irmão, os pais são sábios porque nos ouvem sem interferência e o pouco que falam nos faz refletir. Eu pegava o telefone e ligava para a minha mãe, que não morava em Fortaleza, e, sim, em Teresópolis, estado do Rio de Janeiro. Com ela, eu fazia uma verdadeira catálise, colocava para fora tudo que eu estava sentindo, minha revolta, e chorava muito. E, calmamente, com sua tranquilidade e sua sabedoria, minha mãe dizia palavras que me confortavam, sempre me orientando para que eu tentasse ver somente o lado bom de cada acontecimento desses.

Fiz o relato de apenas um dos inúmeros casos pelos quais passei ao longo dos anos, porém, foram muitos os casos, e a minha mãe era a minha confidente, a minha amiga, que me transmitia paz e vibrava comigo cada vitória que o Edu conquistava. Acredito que ela, em sua sabedoria, não me dizia nada, mas também devia ficar triste com os acontecimentos pelos quais eu passava e a ela relatava. Entretanto, ela não deixava transparecer absolutamente nada e sempre me pedia para eu permanecer calma e acreditar que tudo passaria.

Como sentia sua falta do meu lado e do seu carinho. Digo, sem nenhuma modéstia, que a minha mãe é uma mulher de fibra, de uma força interior e de uma sensibilidade que até hoje não vi em ninguém, e de uma dedicação integral aos filhos. Minha mãe é uma verdadeira guerreira, além de ter uma religiosidade que faz com que a sua fé nos preencha de paz interior e tranquilidade. Ela sempre dizia, nesses momentos, que o dia seguinte seria melhor. *"Acredite, minha filha"*.

Como diz meu irmão Pedro, meus pais são um ponto fora da curva, são pessoas bem diferentes, sempre dedicaram a vida para nos propiciar o melhor, muitas vezes ultrapassando seus limites. Para lhe dar uma ideia de como meus pais sempre se adaptaram às condições a que são submetidos, vou relatar uma experiência que eles tiveram com meus filhos por ocasião de um curso que fui fazer no Rio de Janeiro, em Teresópolis. Era um curso sobre "auditoria do sistema de qualidade", com duração de uma semana, no Hotel San Moritz, um hotel fazenda localizado na estrada Teresópolis-Friburgo.

Ao falar sobre o curso com a minha mãe, ela, imediatamente, pediu que eu levasse os meninos. Edu estava com 8 anos e o Felipe com 2. Eu, até então, nunca tinha viajado sozinha com eles e, para minha surpresa, quando cheguei ao hotel, fiquei sabendo que o curso era em tempo integral, que eu deveria ir na segunda-feira de manhã e só voltaria no sábado à tarde, ao término das atividades. Dá para imaginar a insegurança pela qual passei? Perguntava-me: o que fazer com os meninos?

Logo minha mãe e meu pai procuraram me acalmar e se prontificaram a cuidar dos dois. Foi uma semana ótima para eles, de muitas emoções e passeios. Até andar de ônibus de linha com os meus filhos meu pai e minha mãe fizeram, com o intuito de distraí-los. Enfim, foi uma semana bastante agitada para eles e tranquila para mim, que pude fazer o curso sem preocupações.

Outro momento interessante que retrata bem o espírito dos meus pais é quando eles foram visitar a minha tia. Eles aproveitaram para viajar na mesma época em que fui participar de um evento de turismo em parceria com a TAM, em Brasília. Minha mãe pediu que eu levasse os meninos. Nessa época, o Edu estava com 12 anos e o Felipe com 6. Minha tia comentou sobre uma psicóloga considerada muito experiente, que trabalhava com crianças diferentes, e marcou uma consulta para o Eduardo, para que eu ouvisse outra opinião sobre o que o Edu tinha.

Como tinha tido a experiência de viajar sozinha com os dois anteriormente, levá-los à Brasília não traria maiores problemas. Entretanto, quando chegamos ao aeroporto de Fortaleza, encontrei o meu chefe, que também iria para o evento. Após o check-in, encaminhamo-nos para a sala VIP do aeroporto, onde aguardamos o horário de saída do avião. No momento em que nos dirigimos para embarcar, o que aconteceu? Eduardo, ao chegar à porta do avião, disse que não iria mais viajar. Ficou repetindo que não queria viajar, que não iria entrar no avião, enquanto os passageiros ficaram esperando a sua decisão.

Devido à situação, acabamos ouvindo o que não queremos. Mas seguimos em frente. Ao perguntar ao Eduardo a razão disso, ele respondeu que estava com medo. Foi uma novela! Todos os passageiros entraram e só faltávamos nós. Para dar uma ideia do que aconteceu, uma passageira que estava levando um cachorrinho mostrou-o para o Edu para que ele se interessasse e entrasse no avião. Eu tive que interferir: *"Não faça isso, por favor. Ele tem medo de cachorro"*. Em seguida, foi a vez da aeromoça, que se aproximou com um saco grande de balas, entregando-o para o Edu, solicitando que ele entrasse no avião, mas não havia meio de fazê-lo entrar. O copiloto saiu da cabine de comando e foi mostrar o avião por fora para o

Eduardo, com a intenção de passar-lhe segurança. E novamente, nada! Ao chegar próximo à porta, ele parou.

É claro que começou um alvoroço, eu ouvia de tudo vindo de dentro do avião, e a cada comentário, eu, além de nervosa devido à situação, ficava também constrangida, pois o avião tinha que partir. O que podíamos fazer? Foi quando tive a ideia e falei para o meu chefe: *"Eu vou pegar o Edu pelos braços e você, por favor, pegue-o pelas pernas"*. E num momento de distração do Eduardo, conseguimos colocá-lo para dentro do avião.

Creio que o leitor seja capaz de imaginar, além da cena, a minha situação na qualidade de mãe, pois sei dos problemas que meu filho tem e não posso ajudá-lo da forma como eu queria. É muito desalentador.

Ainda pedimos que alguns passageiros saíssem dos seus lugares para deixar nós quatro próximos uns dos outros. Então, o voo pôde partir, com meu chefe sentado no meio, com o Edu de um lado e o Felipe do outro. E eu fui sentada sozinha na poltrona da frente. Eu fiquei muito nervosa e a aeromoça tentou me acalmar. Após fazer alguns exercícios respiratórios eu fui me acalmando. Na época, a sensação que eu tive foi a de ter sido essa a viagem mais rápida que eu já fiz, mas isso pela enorme movimentação causada pelo Edu no avião, que atrasou o voo em quase meia hora e eu nem vi o tempo passar.

Passamos uma semana em Brasília. Aproveitamos para levar o Eduardo a uma escola próxima à casa da minha tia. A proprietária era psicóloga e muito amiga dela. A escola era para crianças de 2 a 7 anos, a chamada primeira infância. O Eduardo permaneceu na escola por três horas para que ela o conhecesse e fizesse uma avaliação adequada dele. Após esse período, ela me chamou para conversarmos, relatar-me as suas observações sobre o comportamento dele e me apresentar a sua avaliação.

Segundo a experiência dela com crianças diferentes, ela me disse que havia submetido Eduardo a alguns testes e que, pelas observações que tinha realizado, podia afirmar com segurança que o Edu era autista. Explicou-me que havia feito diversos testes e que tinha plena convicção de que o tratamento que eu estava propiciando a ele era correto e adequado. Ela me explicou, ainda, que existiam vários níveis para identificar pessoas com autismo e que o Edu se enquadrava em pelo menos sete itens de uma relação de 10 para se fechar esse diagnóstico.

Ao mesmo tempo em que fiquei assustada com esse possível diagnóstico, senti-me aliviada por ter um diagnóstico, pois até então não tinha, e ficava sempre na expectativa do dia em que o Eduardo tivesse o *start* da coincidência temporal da qual os médicos tanto falavam. Devido a minha surpresa, essa psicóloga me deu alguns artigos sobre o comportamento de pessoas autistas para que eu pudesse ler e compreender melhor o que é ser autista e que procedimento adotar.

Acrescento a seguir, a título de ilustração, minhas análises com relação aos possíveis sintomas que uma pessoa pode apresentar e como elas me auxiliaram a classificar meu filho Eduardo como tendo algumas das características de autismo.

Após uma leitura cuidadosa dos textos indicados por essa psicóloga e das pesquisas em bibliotecas e internet que iniciei sobre o assunto, concluí e concordo que o Edu apresenta alguns sintomas comportamentais que sinalizam autismo, mas outros não. De qualquer forma, transcrevo as partes mais interessantes dos principais sintomas e grifo aquelas que observo de maneira evidente no meu filho:

> "**Sintomas de autismo**: a maioria dos pais de crianças com autismo suspeita que algo está errado antes de a criança completar 18 meses de idade e busca ajuda antes que ela atinja 2 anos. Entre os sintomas apresentados, as crianças com autismo normalmente têm dificuldade em:

- Brincar de faz de conta.
- Interações sociais.
- <u>Comunicação verbal e não verbal.</u>

> Algumas crianças com autismo parecem comuns antes de 1 ou 2 anos, mas, de repente, "**regridem**" e perdem as habilidades linguísticas ou sociais que adquiriram anteriormente. Esse tipo de autismo é chamado de **autismo regressivo**.
>
> Uma pessoa com autismo pode apresentar os sintomas:

- Ter visão, audição, tato, olfato ou paladar excessivamente sensíveis (por exemplo, eles podem se recusar a usar roupas "que dão coceira" e ficam angustiados se são forçados a usá-las).
- <u>Ter alteração emocional anormal quando há alguma mudança na rotina.</u>
- <u>Fazer movimentos corporais repetitivos.</u>
- <u>Demonstrar apego anormal aos objetos.</u>

> As características do autismo podem variar de moderadas a graves e os problemas de comunicação no autismo podem incluir:

- Não poder iniciar ou manter uma conversa social.
- Comunicar-se com gestos em vez de palavras.
- Desenvolver a linguagem lentamente ou não desenvolvê-la.
- Não ajustar a visão para olhar para os objetos que as outras pessoas estão olhando.
- Não se referir a si mesmo de forma correta (por exemplo, dizer "Você quer água" quando a criança quer dizer "Eu quero água").
- Não apontar para chamar a atenção das pessoas para objetos (acontece nos primeiros 14 meses de vida).
- Repetir palavras ou trechos memorizados, como comerciais.
- Usar rimas sem sentido.

Existem diversos sintomas que podem indicar autismo e nem sempre a criança apresentará todos eles. Os sintomas do autismo podem ser agrupados em:

Interação social do autista

- Não faz amigos.
- Não participa de jogos interativos.
- É retraída.
- Pode não responder a contato visual e sorrisos ou evitar o contato visual.
- Pode tratar as pessoas como se fossem objetos.
- Prefere ficar sozinho, ao invés de acompanhado.
- Mostra falta de empatia.

Resposta a informações sensoriais no autista

- Não se assusta com sons altos.
- Tem a visão, a audição, o tato, o olfato ou o paladar ampliados ou diminuídos.
- Pode achar ruídos normais dolorosos e cobrir os ouvidos com as mãos.
- Pode evitar contato físico por ser muito estimulante ou opressivo.
- Esfrega as superfícies, põe a boca nos objetos ou os lambe.
- Parece ter um aumento ou diminuição na resposta à dor.

Sintomas do autismo nas brincadeiras

- Não imita as ações dos outros.
- Prefere brincadeiras solitárias ou ritualistas.
- Não faz brincadeiras de faz de conta ou imaginação.

Sintomas do autismo nos comportamentos

- Acessos de raiva intensos.
- <u>Fica presa em um único assunto ou tarefa (perseverança).</u>
- <u>Baixa capacidade de atenção.</u>
- <u>Poucos interesses.</u>
- É hiperativa ou muito passiva.
- Comportamento agressivo com outras pessoas ou consigo.
- <u>Necessidade intensa de repetição.</u>
- Faz movimentos corporais repetitivos.[7]

 Os grifos, como citei anteriormente, são os comportamentos que ainda se manifestam em Eduardo. Entretanto, eles não me preocupam tanto quanto aqueles que podem ser prejudiciais a sua saúde.

 Quando fomos retornar a Fortaleza foi outra novela. Chegamos ao aeroporto de Brasília e, novamente, o Edu não queria entrar, só que, dessa vez, na sala de embarque. Foram muitas explicações concretas e muita conversa até conseguirmos fazê-lo entrar. Na sala de embarque encontramos com meu chefe, que estava acompanhado de sua esposa.

 Esse fato é interessante porque ao ver o meu chefe, o comportamento do Edu de insegurança, de não querer entrar na sala de embarque, simplesmente mudou da água para o vinho. Ele entrou tranquilamente na sala e depois no avião, mas queria sentar-se ao lado do meu chefe, e não houve meio de fazê-lo mudar de ideia. O problema era que meu chefe havia marcado seu assento na parte da frente do avião, junto à sua esposa, enquanto os meus assentos eram na parte de trás da aeronave, pois só gostamos de viajar no final dos aviões. Assim, vi-me obrigada a pedir a ele para sentar-se com os meus filhos, em nossas poltronas, na mesma configuração que havíamos feito na viagem de ida para Brasília. E ele prontamente me atendeu.

---

[7] Disponível em: http://www.minhavida.com.br/saude/temas/autismo. Acesso em: 03 maio 2021.

Para finalizar, o Eduardo só queria fazer esse voo sentado na perna dele, mas como ele é muito alto – e com muita conversa para convencê-lo – seu desejo não foi realizado. Da mesma maneira que na viagem de ida a Brasília, também tive a sensação de esta ter sido bastante rápida, mas isso – novamente – devido à agitação do Edu no avião.

Esse episódio me induziu a uma grande reflexão, levando-me a concluir que não queria mais passar por uma experiência como essa e que somente viajaria com o Edu acompanhada do meu marido. A leitura que fiz desses acontecimentos me mostrou a importância da presença da figura masculina, que fazia com que o Eduardo sentisse mais segurança para, por exemplo, embarcar num avião. Hoje, quando me lembro dessa história, tenho vontade de rir, mas foi uma barra bem pesada.

Nessa viagem percebi o quão forte é a questão de segurança para a tranquilidade do Edu. Comecei a me perguntar o motivo. Algumas pessoas conseguem lhe transmitir tranquilidade, enquanto outras lhe transmitem medo e insegurança. Por algumas, ele tem respeito e admiração; já outras, causam-lhe inquietação e o deixam incomodado. Não tive uma resposta conveniente a essas constatações. Todas as fontes bibliográficas que li levaram a questões relacionadas à metafísica e à sensibilidade do Eduardo em distinguir o bem e o mal que podem lhe causar.

Assim, prefiro achar que tais atitudes têm a ver com autoridade, por estarem diretamente ligadas à lei, a ensinarem a impor limites e, ao mesmo tempo, transmitir tranquilidade e segurança. Quando observo a interação entre o Edu e a Déborah, sua professora e amiga, vejo que ele se sente calmo e seguro, da mesma maneira que quando está com o pai e tem vontade de se expressar verbalmente, e busca manter um diálogo.

Acredito que os dois passam ao Edu essa segurança por meio de suas autoridades. Já quando ele está comigo, ele fica muito agitado, apesar de eu o deixar livre para fazer o que ele tem vontade de fazer. Penso que comigo ele deve se sentir inseguro por eu não lhe passar uma figura de autoridade. Será? Não sei também como explicar esse comportamento do Eduardo, mas me questiono: autoridade gera segurança? Liberdade gera insegurança? Autoritarismo gera medo? São questionamentos que não sei responder e que, entretanto, estão diretamente ligados à sensibilidade com que Eduardo percebe cada pessoa, o que lhe faz ter comportamentos diferenciados.

Hoje vejo tudo muito diferente. Realmente, o tempo é o melhor remédio para digerirmos cada uma das situações que vivenciamos. Devo confessar que, muitas vezes, ao pensar no futuro, cheguei a sentir pena do meu filho. Eu tentava imaginar como seria a vida dele como homem, como ser humano. Apesar de essa angústia ficar somente nos meus pensamentos, achava que eu, como mãe, não tinha o direito de pensar assim. Como podia algo dessa natureza passar pela minha cabeça? Concluí que, além de mãe, eu sou humana, mas isso levou tempo, e compreender que pensamentos são apenas pensamentos levou mais tempo ainda.

É preciso ter em mente que podemos pensar o que quisermos, que não temos o poder de alterar absolutamente nada quanto ao futuro, que o importante é vivermos bem, aproveitando cada momento do presente, porque este é real, e não podemos desperdiçá-lo com bobagens.

Depois de longos anos de sofrimento interior, de angústia, sem respostas convincentes para o problema do Eduardo, do porquê disso ou daquilo, hoje me sinto tranquila e feliz por ter cumprido com a minha missão de mãe e preparada para absorver e compreender qualquer tipo de preconceito e discriminação em relação ao meu filho.

Percebo, inclusive em familiares próximos, o tratamento discriminatório que dão ao Eduardo, basta um olhar diferente, um falar diferente, tudo de forma bastante sutil. Isso, no passado, em muitos momentos e situações, chocava-me e magoava-me profundamente. Hoje, percebendo que ainda existe esse tipo de comportamento, acredito que seja por falta de conhecimento sobre o real estado comportamental do Eduardo ou até mesmo de aceitação a ele como ser humano. É triste, mas é real!

Imagino, também, que existem formas de discriminação bem mais graves e bem mais sérias do que as que são dirigidas ao Eduardo. Eu só gostaria que ele fosse tratado sem esse diferenciador, independentemente do seu tipo de limitação. É só isso que lhes peço, *brothers*! Como meu irmão diz, não devo esperar nada de quem é ignorante, que, mesmo com todas as oportunidades de estudo que teve, não consegue enxergar além do mundinho em que vive.

A aceitação que tanto procurei ao longo dos anos, ou até mesmo o preconceito que muitas vezes senti na minha própria carne, passei a viver melhor crendo que eles estavam dentro de mim, ou seja, que eu sentia pelo outro, pois queria interpretar o que o outro estava sentindo. Hoje, vejo que tais sentimentos eram somente meus. Acredito que deveria existir de fato e não somente de direito, uma forma de assegurar o direito comum a todos os cidadãos, independentemente das diferenças.

Quando falo "de fato" é no sentido de educação, porque em pleno século XXI, ainda não estamos preparados para aceitar o diferente. Para certas pessoas, ser diferente causa até mesmo irritação; para outras, "pessoas especiais" não deveriam nem participar de eventos sociais.

Basta abrirmos os jornais para tomarmos consciência das estatísticas assustadoras sobre os problemas enfrentados por aqueles que não se enquadram nos padrões sociais ditos normais, ou seja, que são especiais. A nomenclatura de "pessoas e/ou crianças especiais" foi introduzida lentamente para designar com mais carinho a deficiência do outro. Lembro-me de que, quando criança, o nome dado para certas deficiências era "excepcionais". Particularmente, prefiro "especial", por acreditar que todos os filhos são especiais, a despeito de serem ou não considerados diferentes.

Por outro lado, há um compromisso enorme da nossa parte, pais de crianças especiais, de inseri-las na sociedade e procurar mostrar ao mundo que elas também podem dar a sua contribuição à sociedade. O mais importante é que a convivência entre os homens seja mais humana e de respeito, mostrando, inclusive, os benefícios não somente para a própria pessoa especial, mas para a sociedade como um todo, pois, na sua maioria, essas pessoas chegam a ser esquecidas ou, então, não são compreendidas pela nossa sociedade.

Enfim, quando pensamos em pessoas especiais vem-nos o sentimento de proteção, o direito de igualdade e tentar defender uma posição de respeito às diferenças. É só isso que nós, pais de indivíduos diferentes, queremos: que respeitem nossos filhos e que os aceitem com as suas diferenças. Simples assim!

Festa Dia das Mães 2004

11
A aceitação

> *Viver é um rasgar-se e remendar-se.*
>
> *João Guimarães Rosa [1908-1967]).*

Ah! Meu casamento! Ainda me lembro perfeitamente bem desse dia, da cerimônia religiosa e das palavras do frei Daniel Navarro ao pedir para nós, eu e Iram, virarmo-nos um de frente para o outro e fazermos o juramento dos noivos. Foi um momento de grande emoção.

Eu fiquei de frente para o Iram, demo-nos as mãos, olhamo-nos profundamente, com o coração batendo forte e acelerado, e repetimos as palavras que o padre dizia no juramento tradicional:

> *"Eu te recebo como meu marido (minha mulher) e te prometo ser fiel, amar e respeitar, na alegria e na tristeza, na saúde e na doença, por todos os dias da nossa vida, até que a morte nos separe".*

Sempre que me recordo desse dia me emociono quando vêm à minha cabeça as palavras ditas nesse juramento. Além de ser muito lindo é, sem dúvida alguma, de uma profundidade imensa, marcante, principalmente quando se diz: na saúde e na doença.

É interessante ressaltar um fato bastante curioso ocorrido durante a cerimônia do meu casamento, realizada no Oratório do Soldado. Como citei anteriormente, eu morava em Brasília com meus pais e apenas metade dos meus oito irmãos. Nós éramos chamados, pelos quatro irmãos mais velhos, de a geração anos 60, enquanto eles se autointitulavam a geração anos 50.

Todos foram a Brasília para o meu casamento, inclusive aqueles que moravam em outros estados, acompanhados de suas respectivas famílias. Nessa ocasião, eu tinha 10 sobrinhos, sendo a mais velha a Taíssa, com 8 anos, e a mais nova, Márcia, com 2 anos. Como era de se esperar, no início da cerimônia todos ficaram comportados prestando atenção à minha entrada. Porém, à medida que a cerimônia transcorria, eles começaram a correr de um lado para o outro sem falar nada, apenas corriam. Depois fiquei sabendo que fora um combinado entre seus pais e eles, de correrem sem falar para não atrapalharem a cerimônia.

As crianças não paravam de correr. Corriam tanto pela igreja que o padre, durante a homilia, chamou-as e pediu que elas ficassem sentadas nos degraus do altar. Ele comentou como era bonito ver as crianças correndo pela igreja esbanjando saúde e nos disse para aceitarmos os filhos que, porventura, nós viéssemos a ter, do jeito que Deus nos enviasse. A maior parte de sua pregação foi falando dos filhos, de como receber os filhos, de como tratá-los, de como educá-los e, o mais importante, aceitá-los em sua forma de ser, independentemente de suas qualidades e defeitos.

As palavras "na saúde e na doença" que dissemos olhando um para o outro no juramento do casal e a fala do frei durante a homilia sobre os filhos, sobre aceitar os filhos com suas qualidades e defeitos, sempre me acompanham, principalmente quando se dá algum acontecimento inesperado.

Achei importante relembrar esse momento porque, quando resolvemos nos casar, nós estávamos vivendo uma experiência nova, de muito amor, e o resto não importava. Estávamos prontos para receber tudo que a vida podia nos dar, sem conflitos, sem desavenças...

Por um bom tempo sonhamos em ter o nosso primeiro filho, um filho que foi muito esperado e amado. De repente vem a notícia: estou grávida! Entrei, então, num verdadeiro estado de graça, emocionava-me por qualquer motivo e até mesmo sem motivo. Olhava para as crianças brincando na rua e imaginava como seria meu próprio filho... Eram emoções completamente diferentes daquelas que eu já havia vivenciado. Como meu irmão diz, estava num estado de energia alfa. O que ele quer dizer com isso é: felicidade, alegria, paz espiritual! Era assim que eu me sentia.

Quando resolvi escrever este capítulo sobre aceitação pensei, num primeiro momento, na aceitação do diferente por parte da sociedade. Entretanto, à medida que escrevia percebi que seria também necessário escrever sobre a minha própria aceitação, porque é mais difícil nos aceitarmos como nós somos, ou seja, enxergarmo-nos a nós mesmos. Assim, alterei a ordem da escrita deste capítulo, uma vez que acredito que seja mais importante, porque para eu ser aceita pelo outro é necessário que eu me aceite primeiro, com meus erros e acertos.

Portanto, creio que há apenas uma palavrinha, que chamo de mágica, para se ter um bom relacionamento, seja com seu marido, com sua mulher, com seus filhos ou seus amigos: aceitação. Aceite-os como eles são. Essa palavra diz tudo. Aceitar a pessoa da maneira que ela é.

Muitas vezes, acreditamos que não teremos ou não encontraremos forças para suportar as pressões ou os desafios que a vida nos impõe diariamente. Devo dizer que levei muito tempo para perceber isso e agradeço a minha mãe que, em sua sabedoria, conseguiu, nos meus momentos de angústia, transmitir-me que devemos procurar fazer um trabalho interior a vida inteira para aceitarmos o outro como ele, de fato é, sem exigir dele as mudanças que gostaríamos que ocorressem. O problema maior em meu jeito de encarar o mundo ocorre quando o outro não pode mudar porque tem suas próprias limitações, então a situação fica bem mais complicada.

A aceitação é bastante relativa. Lembro-me de um episódio, numa ocasião em que tive que viajar a São Paulo a trabalho. Nessa época, o Eduardo estava com 5 anos de idade. Fiquei hospedada na casa da minha irmã e acabei ficando o final de semana para a festinha de aniversário de um 1 ano de seu filho.

Foi uma festinha bastante simples e familiar, só com os amigos mais íntimos e os familiares do meu cunhado, pois, como já comentei, minha família, conforme fomos concluindo nossos estudos, foi se dispersando, indo cada um morar em um estado diferente.

Lembro-me perfeitamente bem de que um dos parentes do meu cunhado, que, provavelmente, tinha algum tipo de problema e/ou limitação, não sei bem o que era, toda bandeja que passava em frente a ele, com salgadinhos e docinhos, ele enchia a mão com essas guloseimas e as colocava no bolso de forma bastante compulsiva.

Num determinado momento, como ninguém chamava atenção dele, a minha irmã foi ficando muito irritada e fez um comentário reservado comigo, dizendo: *"Essa pessoa não deveria participar de evento social!"*. Esse comentário me pegou de surpresa e tocou bem no fundo do meu coração. Imediatamente, disse: *"O que você está falando? O Eduardo tem atitudes diferentes também"*. E a resposta dela foi: *"Eduardo é diferente!"*. Entretanto, a única diferença entre os dois, fora esse comportamento, era que um era o seu sobrinho e não o parente do seu marido.

Nesse dia percebi com clareza que quando a criança especial faz parte de sua própria família, o olhar dos parentes é diferente. Algumas vezes, eu não queria acreditar que pudesse haver, por parte dos meus irmãos, algum tipo de diferenciação em relação ao Edu, mas eu estava enganada.

Eu e minha irmã passamos juntas bons e maus momentos. Como nossos filhos eram da mesma idade, eles passaram a infância praticamente juntos. E como em tudo na vida, houve os dois lados: o bom, altamente produtivo, que foi o da convivência entre as crianças, e o ruim, pois eu também sofria – digo sofria porque o sentimento de exclusão com o Eduardo era meu. Era eu quem sentia isso, pois levavam o Felipe para passear, e o Eduardo só podia ir se fosse acompanhado por sua babá, minha secretária.

Só que havia determinados momentos em que ela não podia sair para acompanhar Edu ou até mesmo não cabia no carro. Nesses casos, eu tomava uma decisão que acabava penalizando o Felipe, que não tinha nada a ver com o problema: não sair com os primos. Essa era a forma que eu encontrava para que o Edu não ficasse sozinho. Algumas vezes ocorria o contrário, isto é, era o Felipe quem não queria sair com os primos. Admito que, nesse caso, eu não me sentia triste ou constrangida por Felipe preferir ficar em casa, até porque ele sempre foi caseiro.

Meu comportamento mudou bastante ao longo dos anos. Isso não aconteceu de uma hora para outra, o tempo me fez enxergar mais longe. Hoje, penso que o sentimento de discriminação ou de aceitação estava dentro de mim. Eu queria, talvez até exigisse, que as outras pessoas tratassem o Eduardo igual ao Felipe, mesmo sabendo que eles não eram iguais. Eu sabia disso, porém não suportava a ideia de que os tratassem de forma diferente.

O Edu precisava de mais vigilância. No entanto, na época eu não conseguia enxergar isso. Demorou muito para eu mesma perceber e aceitar que existia uma diferença entre os dois, que eles não eram iguais, logo, eu deveria respeitar essa diferença. Assim, não posso exigir que as pessoas tratem os dois iguais, sem diferenciação, apesar de o meu interior querer, mesmo sabendo que essa não é a verdade.

Mas eu mudei. Hoje, sinto-me melhor quando alguns acontecimentos ocorridos no passado vêm à minha mente. Eu já não sofro tanto.

Outro fato de que me recordo foi por ocasião das Bodas de Ouro dos meus pais, em 2003, em Teresópolis. Nessa ocasião, o Eduardo estava com 11 anos e fazia bastante tempo que toda a família não se reunia, todos os meus irmãos com as respectivas famílias. Após a festa, aproveitamos para ficarmos todos em Teresópolis para os festejos de Natal e Ano Novo.

Conversávamos muito, pois sempre tivemos esse hábito. Recordo-me que, numa tarde, estávamos conversando à beira da piscina da casa do meu irmão Fred, e meu irmão mais velho, o Pedro, perguntou-me: *"Como você se sente com o fato de o Edu ser excepcional?"*. Caramba! Essa palavra bateu muito forte no meu interior. Lembro-me pouco do que respondi. Primeiro, fiquei sem graça e respondi que eu estava fazendo todos os tratamentos psicoterápicos recomendados pelos médicos, e que tinha esperança de que ele conseguisse aprender, isto é, que a sua parte cognitiva se desenvolvesse mais, porque as partes física e motora estavam correspondendo bem em relação a sua idade cronológica.

Em seguida, a minha cunhada, a Heliete, pronunciou-se dizendo que acreditava que a minha aceitação fora aos poucos se desenvolvendo e que deve ser pior quando uma mãe descobre – logo ao nascer – que seu filho tem Síndrome de Down, por exemplo. Ela acreditava que absorver as notícias aos poucos era melhor. Acredito que sim, concordei com ela, como relatei anteriormente, pois a minha percepção de que havia algo diferente no meu filho foi acontecendo aos poucos.

Demorou muito para eu chegar para os meus irmãos e conseguir lhes dizer: *"O Edu não é excepcional e tampouco retardado. Saibam que, hoje, se usa a nomenclatura de criança especial ou diferente. Portanto, a partir de hoje, por favor, quando se referirem ao Eduardo, não usem esse vocabulário. Pelo menos façam uso da palavra correta porque, para mim que sou mãe, é bem mais confortável e amena de se ouvir"*.

O que não faz uma palavra empregada inadequadamente! Jamais imaginei que teria coragem de falar isso na frente de todos os meus irmãos!

A falta de compreensão em aceitar aqueles que são diferentes é enorme, e eu me incluo nesse rol de pessoas.

Outro momento interessante que necessita ser contado foi quando duas sobrinhas vieram passar as férias em minha casa. Íamos à praia todos os dias. Isso é bastante comum para os meus familiares que vivem no Rio de Janeiro e Brasília. Ficávamos na Barraca Terra do Sol.

Encontramos uma prima, que também mora em Fortaleza, e que estava na mesma barraca com um grupo de jovens. Assim que nos viu ela fez questão de apresentar as minhas sobrinhas para os rapazes e amigas que a acompanhavam. As meninas ficaram empolgadas, pois eram jovens e não conheciam ninguém em Fortaleza. Como não podia deixar de ser, eu, imediatamente, solicitei que a minha prima apresentasse o Eduardo também. Claro! *"Ah, mas eu achei que ele já conhecia esse pessoal!"*, respondeu minha prima. Então eu disse: *"Ele não conhece essas meninas e nem esses rapazes"*. Acredito que essa atitude tenha sido uma defesa automática da minha parte para protegê-lo para que ele não se sentisse excluído. Não sei.

Ainda nessas férias observei que ninguém convidava o Edu para sair, apesar de todos os primos terem aproximadamente a mesma idade, e isso me deixava triste. Eu sofria pelo meu filho, mesmo sabendo que o sentimento era apenas meu, que ele mesmo não tinha essa noção, eu acho.

Foram muitos outros acontecimentos ocorridos dentro do próprio meio familiar, logo, o que devo esperar de quem não o conhece? Foi dessa forma, com tantas experiências vividas, que acabei por me "formar" em exclusão. Creiam, isso não é fácil!

Até as crianças do meu condomínio expressavam, na minha visão, terem medo do Eduardo. Era o que eu percebia e acho que não estava errada, porque, sempre que nós entrávamos no elevador, as crianças demonstravam medo, abraçando as pernas de suas mães. Infelizmente, não era uma ou duas crianças, mas todas, e as crianças são sempre muito sinceras. Mas aos poucos fui me acostumando, talvez aceitando esse tipo de comportamento e buscando ver essa atitude de outra forma.

Devo admitir que todas essas passagens ficaram armazenadas dentro mim e por muito tempo sofri por notar a discriminação a Eduardo.

Recordo-me de outro acontecimento, ocorrido em outra festinha de aniversário. Nos aniversários infantis era tudo mais visível. Fomos passar um final de semana na casa de uns amigos em Paracuru, minha família e a da minha prima. Coincidentemente, foi na semana em que o Edu estava completando 10 anos. Fizemos um bolo, preparamos algumas lembrancinhas para serem distribuídas somente para as seis crianças que estavam hospedadas na casa e levei 10 velinhas para serem colocadas no bolo. Decoramos toda a casa e arrumamos tudo com muito bom gosto.

De repente, uma das filhas de uma prima, menor que o Eduardo quatro anos, contou as velinhas e imediatamente perguntou: *"Por que ele não sabe falar direito? Ele já tem 10 anos"*. Situações como essa me deixavam transtornada e, para mim, eram uma catástrofe. Muitas e muitas vezes eu não consegui dar uma resposta. Geralmente, ficava nervosa, sem graça, e em algumas situações segurava o choro e não sabia direito o que fazer.

Entretanto, dessa vez eu disse: *"Porque ele está ainda aprendendo!"*. Ela até tentou insistir no assunto, mas eu procurei imediatamente mudar a conversa. A partir de então, em todos os outros aniversários do Edu a vela era do tipo faísca, sem número, sem quantidade, apenas uma só vela grande para que, quando acesa, refletisse muita luz. Hoje, consigo conviver com tais situações sem me constranger. Acredito que eu queria defendê-lo, mas, e acima de tudo, proteger-me.

Passei por muitas outras situações em que eu ficava de saia justa, sem saber o que fazer ou responder. Depois, eu mesma me cobrava por não ter dado uma resposta imediata, ou seja, por não ser uma pessoa racional e, sim, emocional. Acredito que isso se deva ao fato de eu ser uma pessoa extremamente sensível, reconheço, e para não ser magoada passei a fazer questão de estar sempre perto do meu filho.

Comecei a observar que esse comportamento ocorria, inclusive, quando estávamos em casa. Não me sentia bem em vê-lo isolado e ficava procurando algum tipo de atividade para fazer com ele. Quando pequeno, brincava com jogos; na adolescência, tentava conversar, procurando manter um diálogo; e, agora adulto, acabei entendendo que Eduardo queria garantir o seu espaço e ficar sozinho.

Quando eu compreendi esse dilema, criado, possivelmente, só por mim, passei a aceitar que esse comportamento do Eduardo não era, na realidade, um isolamento, mas uma característica da sua personalidade e um momento dele. Dessa forma, tirei um grande peso que carreguei durante muito tempo em minhas costas e passei a levar uma vida bem mais tranquila e melhor.

Observo que quando vamos para a casa de amigos, ou até mesmo quando faço resenhas na minha casa, ele se isola e, por mais que tentemos trazê-lo para junto de nós, não conseguimos. Antes da minha aceitação eu ficava com meus pensamentos me perturbando com tantas perguntas sem respostas. Hoje, simplesmente aceito.

Com o tempo – pois, como diz minha mãe, só o tempo pode nos curar – aprendi que o amor foi e continua sendo a medicina mais eficiente no tratamento do Edu. Não tem outro meio.

E com o passar dos anos acabamos percebendo e compreendendo que as pessoas que estão em nosso convívio, nossos amigos e familiares, só querem o nosso bem. Hoje, o Edu, na sua forma de ser, cativa as pessoas, tem uma enorme quantidade de amigos, seus e nossos, que vibram conosco a cada vitória por ele conquistada, inclusive pessoas desconhecidas, como vimos durante as exposições de seus quadros.

A imagem de pena que eu via no semblante das pessoas ficou perdida num passado distante. A pena que, acredito, era um sentimento apenas meu. Eu poderia relatar vários outros momentos, mas eles ficaram para trás, são águas passadas. Hoje, eu o aceito do jeito que ele é e não me sinto tão incomoda com os semblantes de quem quer que seja. Portanto, nada melhor do que o tempo! Lentamente e a cada dia, fui aprendendo a lidar com meu sentimento de não aceitação. Foi um longo e demorado aprendizado.

Acredito que toda mulher, quando descobre que está grávida e será mãe, sonha com o dia da chegada de seu(sua) filho(a) e fica se perguntando: como seu rosto será? Parecido comigo ou com o pai? Como serão as suas características físicas e emocionais? Durante os meses de gestação pensamos, inclusive, em qual será a escolha profissional dele(a) quando crescer. Sonhamos que nosso(a) futuro(a) filho(a) será um(a) grande profissional, um(a) bom(boa) pai(mãe) etc.

Como se vê, esses são sonhos nossos e achamos que temos o direito de colocá-los na vida desse outro ser que está por chegar. Em nenhum momento pensamos que esse outro ser terá vontades próprias, terá o livre--arbítrio, terá sentimentos, sonhos etc., e somente com o passar do tempo enxergamos que a vida tem que ser vivida por cada um individualmente, da maneira escolhida pela pessoa e não por nós.

Como disse o frei durante a homilia na cerimônia religiosa do meu casamento: *"Filhos, devemos acolhê-los da forma como Deus nos presenteou e aceitá-los da forma como são"*, e não da forma que não são, e isso para o nosso próprio bem interior, como também para não provocar traumas futuros ou, até mesmo, o distanciamento deles.

Acredito que, em longo prazo, procuramos curar as nossas feridas, como disse, e aceitar determinadas situações, cada um a sua maneira. Há situações em que não conseguimos suportar as nossas emoções. Nesses momentos, insights são disparados (decepções, raivas, vergonhas, irritações, expectativas) e, em sua maioria, são penosos e negativos para nós. Eles se iniciam quando vivemos sob forte tensão emocional.

No nosso caso, para nós, os pais do Eduardo, essas tensões nos levam a considerar algumas atitudes dele como infantis, e as tratamos como uma regressão. Imediatamente, começamos a relembrar vários acontecimentos indesejados que alteraram rapidamente o nosso estado de espírito, provocando, inclusive, uma forte dor emocional, e acabamos falando algumas palavras que machucam e que expressam o que não sentimos e o que não queremos sentir.

O relacionamento entre pessoas é um aprendizado dia após dia, e a ideia de perfeição deve ficar guardada apenas num sonho que não foi realizado. Comparo-o a uma muda de planta, que precisa ser regada diariamente para se desenvolver. Então, trabalhamos para que a química existente em nossa família não desapareça e para que a sua luz continue sempre brilhando.

Eu e o Iram, um com o apoio do outro, caminhamos juntos para o entendimento de aceitação de nosso filho. Descobrimos que Deus atua sobre nós de forma simples e gradativa até atingirmos a cura. Isso mesmo, a cura, que pode se manifestar de várias formas, como por meio da compreensão, da humildade, do arrependimento, da solução, ao ultrapassarmos um obstáculo ou pela aceitação de uma determinada situação.

Assim, fazem todo sentido as palavras que juramos na presença de Deus um ao outro em nosso casamento: "Eu te recebo, como meu marido e te prometo ser fiel, amar e respeitar, na alegria e na tristeza, na saúde e na doença, por todos os dias da nossa vida, até que a morte nos separe".

Bem aventurado os amigos que se completam nas diferenças.
(Arlete Aparecida Bernal)

12
Convivendo com as adversidades

> *Os desafios não são difíceis porque tentamos. É por não tentarmos que são difíceis.*
>
> (Lúcio Aneu Sêneca ([4 a.C.-65 d.C.]).

Basta abrirmos o jornal para ficar cada vez mais claro que estamos vivendo, atualmente, um período da história da humanidade cheio de adversidades, de diferenças, de conflitos, de desafios, de intolerâncias, de dificuldades, de guerras etc. É uma verdadeira explosão de ódio e não percebo uma saída em curto prazo. Criam-se leis, discutem-se critérios, inclusive na ONU, porém, nada se resolve efetivamente. Congressos são realizados nas mais diferentes instâncias e nada!

Assim, neste momento altamente conturbado, em que o ser humano é considerado descartável, acredito que o melhor caminho que temos é buscarmos e descobrirmos dentro de nós mesmos uma luz para podermos conviver com tantos descalabros, para superarmos tudo e continuar seguindo em frente.

Na realidade, é uma aceitação. Simplesmente, tais cenas e acontecimentos passaram a ser tidos como normais, mesmo não sendo. Penso que é importante falar sobre esse tema porque, no transcorrer das nossas vidas, surgem fatos e situações que nos colocam à prova e, então, temos que enfrentar e superar esses obstáculos.

Quando pensei em escrever sobre adversidades, foi no sentido de abrir os meus sentimentos, pois, conversando com algumas amigas sobre meu filho, durante a sua fase de pré-adolescência, muitas vezes ouvi coisas que não queria, que foram difíceis de absorver e que me magoaram profundamente. Eis algumas frases que eram comuns e continuam sendo ditas até hoje sobre a minha conjuntura:

– Eu não suportaria passar por essa situação.

– Eu nunca queria ter um filho como o Eduardo.

– Deve ser difícil para você aceitar o Eduardo assim.

– Você nunca se perguntou por que você?

– O seu filho é retardado?

– O seu filho é mongoloide?

– O seu filho excepcional, como ele está?

– Por que foi acontecer logo com o seu filho Eduardo?

E por aí vai...

Não vou me colocar aqui como a mãe que tudo aceita e compreende, afirmando que algumas dessas perguntas nunca passaram pela minha mente porque eu não estaria sendo honesta comigo mesma. Digo a você que passaram sim! Entretanto, sem muita intensidade, porque, como já disse, o meu, ou melhor, o nosso processo de aceitação e de entendimento da real situação do Eduardo foi bem gradativo, fomos aos poucos abrindo nossos olhos para as limitações e para a dependência dele, não apenas de nós, seus pais, mas também de seu irmão e de todo o *staff* que tivemos que montar ao longo dos anos e com o qual passamos a conviver, diariamente, dentro de casa.

Se me perguntassem se isso é bom, a resposta seria: óbvio que não! Claro que não! Nossa liberdade ficou comprometida, entretanto, sempre foi muito importante para o Eduardo. Explico melhor: como pais, queremos ser imortais, desejamos que nenhum problema nos atinja e, principalmente, aos nossos filhos. E, no meu caso, especificamente, por saber que existe uma pessoa que eu amo incondicionalmente que sempre precisará de alguém. Isso é terrível e angustiante. Porém, temos que enfrentar e conviver com essa adversidade.

Na atualidade, procuro não ficar tentando imaginar como será o futuro do Eduardo sem a nossa presença. Levei bastante tempo para compreender que pensamentos não existem, não são palpáveis. Essa foi a forma que encontrei de me preocupar menos com o futuro.

Apesar de vivermos hoje num mundo da alta tecnologia, em que num piscar de olhos a informação nos alcança; que a inovação chega a qualquer lugar do planeta, praticamente de imediato, por conta da globalização e, principalmente, da internet, pelas redes sociais, também passamos a enfrentar outras distorções, ou seja, aquela em que os indivíduos, em seu anonimato, passam a não mais se importar com os outros. Isso é um fato mais do que comprovado.

Se, por um lado, as fontes de conhecimento se tornaram mais acessíveis e democráticas, proporcionando igualdade e mais oportunidades para o ser humano, por outro lado jamais vimos tantas guerras, não só bélicas, mas também as disseminadas no ambiente virtual: a violência como mecanismo de prazer; o terrorismo, que passou a ser uma preocupação real; a violência contra a mulher; contra a diferença de gênero, de cor, de religião... Dessas, então, nem se fala! Chegam a ultrapassar a nossa compreensão.

Apesar de nos comunicarmos com muito mais facilidade graças à internet, tenho a impressão de que nunca sofremos tanto com essa comunicação. A fragilidade da vida ficou mais evidente, mais transparente, em todos os sentidos, de forma que, quando falamos de adversidades pessoais, aquelas que podem não afetar necessariamente muitas pessoas, mas que afetam quem as vive, se comparadas, são igualmente ou, em alguns casos, até mesmo mais intensas. Às vezes creio que a ignorância seja uma benção porque só assim não temos consciência de todas as distorções que vêm ocorrendo com a humanidade.

Minha mãe sempre nos disse que é importante para todos nós passarmos por provações, porque, segundo ela, elas nos fazem crescer espiritualmente e fazem parte dos planos de Deus. E finalizava dizendo: *"Deus dá a cruz do tamanho que cada um possa carregar. Ninguém é inatingível. Somos iguais aos olhos de Deus e não somos diferentes de ninguém".*

Lembro-me bem dessas palavras da minha mãe, nunca mais as esqueci, porque foram ditas também por ocasião do falecimento da minha irmã Márcia, com apenas 27 anos de idade. Foi um período muito difícil e complicado para todos nós. Foi o nosso primeiro contato com a perda, com a morte de uma pessoa da nossa própria família.

Márcia foi a primeira perda da nossa grande família por ambos os lados, da mamãe e do papai. Só quem já passou por essa experiência consegue imaginar o tamanho da dor que se sente. Márcia faleceu após o parto de uma das minhas sobrinhas por total ignorância médica. Apesar da dificuldade da aceitação, da compreensão e da revolta para todos nós, foi necessário seguirmos o nosso caminho.

Quando perguntávamos o porquê, mamãe respondia, com as lágrimas escorrendo pelo canto dos olhos, tentando ser forte e discretamente enxugando suas lágrimas de dor: *"Filhos, devemos aceitar os desígnios de Deus. Tenham fé, creiam que Márcia só foi para o paraíso porque Ele quis. Não havia intervenção médica que pudesse salvar sua irmã".* E mamãe se retirava do nosso meio, indo para o seu quarto. Tenho quase certeza de que ela se recolhia para chorar e ficar com a dor de mãe, sofrendo só.

Hoje, percebo que esse gesto era uma forma de nos preservar devido à nossa pouca vivência de vida. Para ela, não era justo que nós passássemos por todo aquele sofrimento. *"Tenham fé, meus filhos! Porque essa palavra monossílaba, mesmo tendo apenas duas únicas letrinhas, é muito forte seu sig-*

nificado. Ela é a responsável por transformar nossas fraquezas em fortaleza!". E se retirava com seu sofrimento.

Minha irmã deu à luz a uma menina. Linda! Ela recebeu o nome de Mariana, nome escolhido por ela. Foi um bebê forte e com bastante saúde, criada pelo meu cunhado com o auxílio de sua mãe e da minha irmã, Gisele. Quando olho para Mariana me recordo da minha irmã, pois é fisicamente muito parecida com ela.

Estávamos ainda muito fragilizados, quando, cinco anos após o falecimento da minha irmã Márcia, o meu irmão Fred, sua esposa e os dois filhos, Pedro e Gabriela, sofreram um acidente de carro quando voltavam de Cabo Frio para Teresópolis. Um carro invadiu a pista em que meu irmão se encontrava, colidindo de frente. Nesse acidente brutal, os que sobreviveram ficaram entre a vida e a morte e, para piorar, cada um foi encaminhado para uma cidade e para um hospital diferente.

Lembro-me de que recebemos a notícia à noite, com a informação de que não havia sobreviventes. Até hoje não gosto de me lembrar dessa noite. Ela nos faz muito mal. Devido ao estado crítico do meu irmão, da Gabriela e do Pedro, eles foram encaminhados para hospitais do Rio de Janeiro, enquanto a minha cunhada, Cláudia, foi transferida para Teresópolis. Após três dias na UTI Pediátrica, foi constatada a morte cerebral da Gabriela. Ela tinha apenas 4 anos de idade. São situações em que a vida nos pega de surpresa, tirando completamente o nosso chão.

Lembro-me bem do ano de 1990. Eu ainda não tinha um ano de casada e estava morando em Fortaleza. Imediatamente, todos os meus irmãos que moravam em outros estados embarcaram para o Rio de Janeiro, inclusive meus pais que, na época, moravam em Brasília. Mais uma vez, a morte batia à nossa porta, desestabilizando duas famílias, a nossa e a da minha cunhada.

Só mesmo com muita fé em Deus para suportar o sofrimento dos meus pais e da minha cunhada, bem como o de seus pais. É uma dor que eu não tenho meios para descrever, mas posso, em parte, imaginar, porque perdi uma menina, na minha primeira gestação, e até hoje não superei completamente essa perda.

Minha mãe ficou ao lado do meu irmão, com autorização médica, orando a Deus pela recuperação dele, durante os 30 dias em que ele ficou internado na UTI. Ele quebrou todos os ossos da face e dos membros superiores e inferiores do seu lado direito, tendo que se submeter a inúmeras cirurgias.

Aos poucos, meu irmão foi se recuperando, submetendo-se a várias cirurgias, a sessões e mais sessões de fisioterapia para recuperar seus movimentos. Lembro-me bem de que meu irmão só ficou sabendo da perda de sua filha após 30 dias, quando teve alta da UTI para a UTI semi-intensiva e, de lá, para um quarto do hospital. Somente a partir daí ele pôde ter a convivência e o amor da família. Minha mãe, com a sua fortaleza, foi a escalada para dar a notícia para ele sobre a morte de Gabriela.

São lembranças muito dolorosas... Lembro-me do meu pai dando a notícia sobre a morte da Gabriela para o meu avô, Pedro Aragão. Meu avô, disse: *"Meu filho, perder uma filha é uma dor sem tamanho, mas perder uma neta é uma dor maior ainda, porque sofremos por dois, pela sua neta e pelo seu filho. Mas Deus dará a força que vocês estão precisando, confie Nele... Só o tempo é capaz de amenizar essa dor. Ela se aquieta e vai se transformando em saudade. E saiba também que a vida continua, pois quem perdemos aos nossos olhos permanece presente em nossos corações"*. Foram palavras sábias... E essa sabedoria era uma das características mais marcantes de meu avô Aragão.

Imagino que foi muito difícil para a minha mãe dar essa notícia ao meu irmão. Ela sabia o tamanho dessa dor. E como sabia!

Após duas décadas fomos surpreendidos por outra perda. Dessa vez, o papai. No dia 12 de janeiro de 2016, recebemos a notícia de um problema muito sério ocorrido com o meu pai dois dias antes. Fred e Cláudia ligaram para nós, solicitando que embarcássemos imediatamente para o Rio de Janeiro porque papai havia sofrido uma dissecção da aorta. Mais uma vez fomos jogados ao chão. Foram dois dias de muita tensão. Todos os irmãos que moravam fora do estado do Rio de Janeiro, inclusive eu, encontraram-se no hospital. Foi um momento de muita dor e de muita tristeza...

Meu pai iria completar 88 anos no dia 11 de fevereiro. Ele era uma pessoa superíntegra, carinhosa com todos nós e, em especial, com a mamãe. Ele gostava de presenteá-la, semanalmente, com um buquê de rosas... Vivia exclusivamente para a família. Tinha uma fé inabalável e estava sempre alegre, com alto-astral. Esse era o meu pai! O mais interessante é que ele e minha mãe viviam uma grande cumplicidade.

Com a vinda da minha mãe e da minha irmã Gisele a Fortaleza para passarem o mês de abril e se distraírem um pouco, resolvi reunir a família de tios e primos com uma exposição dos quadros do Edu, fato que será relatado no capítulo 15 deste livro.

Iniciei o ano de 2016 cheia de planos e na busca de uma ocupação profissional para o meu filho, mas o choque que tivemos com o falecimento do meu pai nos desmontou profundamente... Dizem que você só consegue construir algo importante depois de uma grande alegria ou depois de uma grande dor. Assim, acabei me dedicando de corpo e alma ao término deste livro e me lembrando de um poema de Santo Agostinho (354 - 430) sobre a morte.

A MORTE NÃO É NADA.
Eu somente passei
para o outro lado do Caminho.
Eu sou eu, vocês são vocês.
O que eu era para vocês,
eu continuarei sendo.
Me dêem o nome
que vocês sempre me deram,
falem comigo
como vocês sempre fizeram.
Vocês continuam vivendo
no mundo das criaturas,
eu estou vivendo
no mundo do Criador.
Não utilizem um tom solene
ou triste, continuem a rir
daquilo que nos fazia rir juntos.
Rezem, sorriam, pensem em mim.
Rezem por mim.
Que meu nome seja pronunciado
como sempre foi,
sem ênfase de nenhum tipo.
Sem nenhum traço de sombra
ou tristeza.
A vida significa tudo
o que ela sempre significou,
o fio não foi cortado.
Por que eu estaria fora
de seus pensamentos,
agora que estou apenas fora
de suas vistas?
Eu não estou longe,
apenas estou
do outro lado do Caminho...
Você que aí ficou, siga em frente,
a vida continua, linda e bela
como sempre foi.[8]

---

[8] Disponível em: https://www.recantodasletras.com.br/poesiasdepaz. Acesso em: 03 maio 2021.

Após relatar essas grandes perdas na minha família, que deixaram cicatrizes profundas, devo confessar que, a partir da morte da minha irmã Márcia, gravidez em minha família ficou por um bom tempo sendo um verdadeiro tormento, pois sempre vinha à nossa cabeça a situação que levou à morte da minha irmã. Demorou para superarmos esse trauma e só o tempo conseguiu nos fazer esquecer ou nos levar a pensar menos.

Aqui, abro uns parênteses para contar um fato referente à gravidez da minha sobrinha, a Maria, filha da Márcia. Maria foi quem deu aos meus pais o primeiro bisneto. Ela é médica, e quando soube que estava grávida entrou em pânico, como era de se esperar. Com as lembranças do ocorrido com sua mãe bateu o desespero.

O fato que irei narrar deixa clara a forma como Deus se manifesta a nós, e me convenço de que o meu irmão, cientista, está certo ao explicar a sua compreensão da morte quando nos diz: *"A morte não existe! Ela é a representação mais nítida do Princípio de Conservação da Energia, ou seja, a energia não pode ser destruída, apenas transformada. Obrigatoriamente, ela tem que ser conservada"*. Assim, para o Pedro, a morte significa uma mudança no estado de energia, fazendo-nos nos aproximar mais de Deus.

Maria estava de plantão, num hospital em Teresópolis, e estava muito preocupada com o fato de estar grávida. Nessa noite, ela se encontrava com alto nível de estresse e, por isso, retirou-se por alguns minutos de seu plantão e foi tomar um café num bar em frente ao hospital.

Ela se sentou em uma cadeira, totalmente desorientada, quando, sem que ela esperasse, surgiu uma pessoa desconhecida, pediu licença para sentar-se junto a ela e lhe disse: *"Doutora, a sua mãe está ao seu lado. Eu a vejo! Ela está me dizendo para você não ter medo porque tudo irá transcorrer com muita tranquilidade e que ela sempre estará ao seu lado e de sua irmã, e que você se prepare para receber um lindo menino"*. Maria nos disse que da mesma forma que essa senhora apareceu, ela desapareceu, e que a partir desse momento passou a sentir uma paz interior que não conseguia explicar. Após sete meses, Maria deu à luz um menino, que recebeu o nome de Guilherme. Portanto, como diz a minha mãe, Deus se revela das formas mais simples. Não precisa ter nenhum título, ser sábio, para Ele se revelar a nós. Não há escolha. Ele é quem a faz. Esse é o grande mistério da vida.

Voltando ao ponto inicial, ou seja, enfrentar as adversidades, refletir sobre os momentos que serviram de grandes lições de vida, relembrar exemplos vividos e de que, cada situação, devemos procurar tirar proveito e buscar sempre ver o lado bom, tudo isso só nos fortalece. Digo isso porque o Edu sempre teve várias manias e/ou tiques, nunca teve um período sereno em sua vida. Constantemente tivemos que chamar sua atenção sobre essas manias, quais sejam:

– Quando ficava alegre, gostava de pular levantando os braços (dos 2 aos 6 anos).

– Qualquer objeto que ele segurava, ficava batendo nos dentes (dos 7 aos 12 anos).

– Fazer a mesma pergunta repetidas vezes (dos 12 anos até hoje).

– Ficar balançando a perna direita (dos 13 anos até hoje).

– Alugar CD de filmes, principalmente de aviões, uma infinidade de vezes o mesmo filme (dos 13 aos 16 anos).

– Tirar as roupas do armário e jogá-las no chão (dos 13 aos 16 anos).

– Abrir e fechar as portas do guarda-roupa inúmeras vezes (dos 13 aos 16 anos).

– Quando saía de casa, tinha que levar uma caixa de CD nas mãos (dos 14 aos 20 anos).

– Pegar uma caixa de CD e ficar batendo no queixo (dos 14 aos 23 anos).

– Cuspir no chão e em sua blusa em qualquer ambiente (dos 20 aos 23 anos).

– Levar a blusa à boca e ficar mastigando-a sem parar até ela ficar totalmente molhada para, em seguida, trocar de blusa. Isso ocorre normalmente à noite (dos 23 até hoje).

– Levar o dedo à boca, enchê-lo de saliva e colocar a saliva no olho (dos 23 até hoje).

Listei algumas das manias que nos preocupavam mais, em função de muitas delas serem prejudiciais à saúde, mas sempre conseguimos contorná-las. Quando levava essas questões aos terapeutas, as explicações que nos davam eram as mais diversas. Por exemplo, no caso do Edu, levar um objeto de casa para algum passeio, na interpretação dos terapeutas, fazia com que ele se sentisse mais seguro, pois era como se ele estivesse em uma extensão de sua própria casa.

Como já comentado, cada uma das fases descritas pelas quais o Eduardo passou – e ainda passa –, acreditávamos serem eternas ou, ao contrário, que elas nunca iriam passar. Hoje, o Edu é um homem feito. Em nosso entendimento, achávamos que, à medida que ele fosse crescendo e com as explicações que dávamos, a sua conscientização melhoraria. Entretanto, ao mesmo tempo nos sentíamos desanimados, pois, cada um desses fatos, conforme ele crescia, deixava-nos tristes, sem ânimo. Perguntávamos: será que ele não nos entendeu? Não lhe explicamos de forma adequada? Devemos procurar outra forma para que ele compreenda? O nosso sentimento, a nossa percepção, era a de que ele havia regredido.

A vida toda ficamos felizes com as vitórias do Edu, por menores que elas fossem. Portanto, para nós, cada regressão era desesperadora. Perdíamos a força, o chão. As esperanças iam embora, era como água escorrendo por entre os dedos. Assim, procuramos trabalhar nossa aceitação para essa realidade como uma forma de nos fortalecermos para acatar tais fatos. E posso dizer, do fundo do meu coração, que não há nada melhor para isso do que um dia após o outro, ou seja, vivendo e aprendendo!

Sabemos que temos o dever de tomar uma atitude firme, porém, focamos no momento presente e, enquanto esse momento não passa, é muito difícil aceitá-lo, porque vem a lembrança de todo um passado. Ainda assim, conseguimos nos aceitar para continuarmos a vivermos bem e melhor.

Foi a aceitação que nos fez e nos faz levantar e ultrapassar as barreiras que enfrentamos ao longo de todos esses anos. Aqui vale uma ressalva: pensar em histórias de outras pessoas que estão vivendo situações bem mais difíceis e complexas e, mesmo assim, superaram-nas, com muita determinação e otimismo.

Foram muitos os casos de que tomei conhecimento nesses anos. Entretanto, quando somos nós os protagonistas da história, as soluções nos parecem mais difíceis e distantes. Ainda assim, os casos de que fiquei sabendo me fizeram mais humilde em perceber que a vida pode e deve ser mais simples e que podemos tirar algo bom de qualquer situação.

Um dia, quem sabe, nossa história de vida servirá de inspiração para outras pessoas, pois as adversidades, os problemas pelos quais passamos e enfrentamos, fazem parte do nosso cotidiano, e podemos dizer que aprendemos a conviver e a aceitar as manias e os tiques na linguagem psicológica do nosso filho.

Quando estou vivendo um problema, sempre gosto de me lembrar do texto de 1 Coríntios 13:1-13, porque ele me faz sentir bem.

> *Ainda que eu fale as línguas dos homens e dos anjos, se não tiver amor, serei como o sino que ressoa ou como o prato que retine.*

Ainda que eu tenha o dom de profecia e saiba todos os mistérios e todo o conhecimento, e tenha uma fé capaz de mover montanhas, se não tiver amor, nada serei.

Ainda que eu dê aos pobres tudo o que possuo e entregue o meu corpo para ser queimado, se não tiver amor, nada disso me valerá.

O amor é paciente, o amor é bondoso. Não inveja, não se vangloria, não se orgulha. Não maltrata, não procura seus interesses, não se ira facilmente, não guarda rancor.

O amor não se alegra com a injustiça, mas se alegra com a verdade.

Tudo sofre, tudo crê, tudo espera, tudo suporta.

O amor nunca perece; mas as profecias desaparecerão, as línguas cessarão, o conhecimento passará.

Pois em parte conhecemos e em parte profetizamos.

Mas, quando vier o que é perfeito, então o que o é em parte será aniquilado.

Quando eu era menino, falava como menino, sentia como menino, discorria como menino, mas, logo que cheguei a ser homem, acabei com as coisas de menino.

Porque agora vemos por espelho em enigma, mas então veremos face a face; agora conheço em parte, mas então conhecerei como também sou conhecido.

Agora, pois, permanecem a fé, a esperança e o amor, estes três, mas o maior destes é o amor.[9]

O caso que descrevi, que ocorreu com a minha sobrinha Maria, leva-nos a crer que a vida tem um significado maior, que ainda não somos capazes de compreender, talvez, devido à nossa pequenez. As adversidades nos ajudam a encontrar força onde não imaginamos ter, ajudando-nos a encarar as nossas diferenças que, por vezes, são assustadoras, e a seguirmos a nossa vida, independentemente dos problemas que enfrentamos.

A fé é o que nos faz acreditar que o dia de amanhã será melhor que o de hoje e que, sem o amor, a vida não tem sentido. E quando dizemos "Isso não tem solução!", devemos nos lembrar de que, para Deus, nada, absolutamente nada, é impossível. Só Ele pode mudar qualquer situação. Passei a compreender que somente Ele nos dá a esperança de vivermos dia após dia. É o dom da vida. Como disse a minha mãe quando do falecimento da minha irmã, da minha sobrinha e do meu pai: *"Filhos, tenham fé!"*.

---

[9] Disponível em: https://www.bibliaonline.com.br/nvi/1co/13. Acesso em: 03 maio 2021.

A saudade eterniza a presença de quem se foi Com o tempo essa dor se aquieta se transforma em silêncio, que espera pelos braços da vida um dia reencontrar...
(Pe. Fábio de Melo)

13
A família como alicerce

Alicerce uma família e ela se edificará.
Coloque Deus em sua família e ela se tornará sagrada.

(In' Omertà MC).

Acredito que a família seja um dos maiores bens construído com o tempo. A relação entre pais e filhos é muito forte, principalmente quando há comunhão de planos e emoções. É gostoso estar com a família, respeitando e aceitando cada um de seus membros com as suas individualidades, ideias e manias.

Sempre gostei muito de estar com meus pais e irmãos. Aliás, quem não gosta? Juntos, rimos, brincamos, brigamos, choramos, reclamamos, temos conversas intermináveis que entram pela madrugada, principalmente quando nos reunimos com meus irmãos Sérgio e Gisele, no inverno de Teresópolis, sentados ao redor da lareira da casa do Fred, com um copo de vinho nas mãos. Como isso nos faz bem!

Ao pensar na família me vêm à mente, de imediato, o processo de educação, a forte presença da figura do pai, o carinho e a dedicação da mãe e a cumplicidade dos irmãos. Acredito que a formação de uma família sólida é a base de sustentação do ser humano, com todos os seus erros e acertos, porque ela sempre será o nosso porto seguro. É nela que encontramos o apoio de que necessitamos, independentemente do que tenhamos feito ou não, e em especial na figura dos pais.

Creio mesmo que uma família alicerçada em bases sólidas, não obstante a condição socioeconômica de seus membros, faz a diferença em nossos atos e ações. Faço essa observação porque Felipe, meu outro filho, nasceu em uma família assim e compreendeu muito cedo os problemas relacionados ao seu irmão, o que muito nos ajudou e ajuda, contribuindo conosco no desenvolvimento do Eduardo.

É curioso relembrar que Felipe só foi entender que o Edu tinha algum problema quando completou 13 anos. Ele encarava o comportamento do Eduardo como sendo uma característica própria dele, não o percebia como um distúrbio. Eu, muitas vezes, conversava com a terapeuta do Edu sobre o sentimento do Felipe em relação ao irmão, e ela me dizia que, para ele, que conheceu o Eduardo da maneira como ele é, era normal, para ele o irmão ser assim. Portanto, estava tudo bem e que eu não devia me preocupar com isso. Até parecia a minha mãe falando.

Lembro-me de quando Felipe nasceu e da alegria do Eduardo com a chegada do irmão. Nessa época, ele estava com 6 anos. Deixava-me bastante emocionada ver o sentimento de amor que ele expressava pelo irmão, quando, num pequeno gesto, fazia carinho no pé do Felipe enquanto eu o estava amamentando. Aquele carinho de irmão quando nasce um irmãozinho, um bebezinho.

Sempre me perguntava quando eles poderiam brincar juntos. E o que mais chamava a minha atenção era a paz, a tranquilidade que o Felipe nos transmitia. Creio que mesmo ainda sendo um bebê, inconscientemente, ele compreendia o nosso nível de preocupação em relação ao irmão.

Felipe mamava e dormia, inclusive durante a noite, e tinha um semblante de felicidade sempre que abria seus lindos olhos azuis, e nos olhava e nos dava um sorriso. Quando eu colocava meus dedos entre suas mãos, ele nunca os apertava, diferentemente do Eduardo que, quando bebê, quando eu fazia a mesma coisa, imediatamente apertava os meus dedos. Hoje, quando penso nesse comportamento, vejo-o como uma demonstração de sua insegurança e medo. Acredito que essa diferença comportamental se deu devido a tudo que ele passou quando de sua luta pela sobrevivência ao nascer.

Percebo que mesmo após tantos anos, ainda tenho trauma, feridas que não foram curadas, daquela época de sofrimento pela qual passamos. Digo isso porque as lágrimas caem quando me lembro desse período.

Sempre fiz questão de sair com os dois, Eduardo de um lado e Felipe do outro, para qualquer lugar que eu fosse, quer para passeios, quer para fazer compras. Essa foi uma das razões pelas quais colocamos o Felipe na mesma escola que o Edu estudava, foi a maneira que encontramos para manter os dois sempre juntos, assim, um estava sempre protegendo o outro. Inclusive, quando chegava o momento de o Eduardo trocar de escola, o Felipe também o acompanhava.

Foi numa dessas mudanças escolares que me dei conta de que isso não fazia sentido e não estava fazendo bem ao Felipe. Levei tempo, reconheço, para perceber que cada um tinha que seguir o seu próprio caminho, que os amigos de um não precisavam, necessariamente, ser os amigos do outro, além do que, cada um tinha interesses diferentes. Quanta falta de percepção a minha! É bem provável que eu não quisesse enxergar, até porque era muito mais simples e cômodo mantê-los na mesma escola.

Assim, a solução que encontrei para preservar a convivência entre os dois foi colocá-los no mesmo horário escolar. Dessa forma, demos continuidade às conversas matinais que mantínhamos durante o trajeto para a escola. Para que essa logística fosse possível, Felipe concordou em acordar um pouco mais cedo do que de costume, porque era ele quem ficava na escola primeiro, e depois o Eduardo, por conta da localização das escolas.

Em uma das escolas que o Eduardo estudou, talvez por ser pequena, acho, durante o período de férias escolares sempre havia a famosa "noite do pijama": as crianças dormiam na escola: entravam às 17h e os pais iam buscá-las às 9h do dia seguinte. O Felipe, mesmo sem ser aluno da escola, sempre quis ir à noite do pijama, de forma que ele participou muito da socialização do Eduardo, e fazia questão de dizer: *"Este é o meu irmão!"*. Acho muito bonito o carinho e o cuidado que o Felipe sempre teve com o irmão.

Tenho a lembrança de vários aniversários dos meninos em que a comemoração era junta porque a diferença das datas de nascimento entre os dois não chegava a um mês. Quando o Felipe fez 6 anos e o Eduardo 12 anos, fiz uma grande festa no Game Station, para 60 pessoas, que foi comemorada no começo de agosto por conta das férias de julho. Foram convidados todos os colegas dos meninos – 20 da turma do Felipe e 15 da turma do Eduardo, sendo 13 meninas e dois meninos. Foi uma festa bem animada, com a participação, inclusive, das famílias dos amigos mais chegados.

As meninas sempre foram bastante atenciosas e cuidadosas com o Eduardo. Acredito que isso se deva ao fato de que, por serem mulheres, o lado maternal aflora. Elas lhe davam carinho, acolhimento, e algumas até o protegiam. Estou escrevendo novamente sobre o Eduardo... Para você, leitor(a), ver como não é fácil se desvencilhar das preocupações quando temos um filho diferente.

Minha avó paterna, Marieta, quando seus filhos lhe perguntavam qual deles ela amava mais, ela respondia que o doente e o ausente. Hoje, com a minha experiência, vou discordar um pouquinho da minha avó. O amor é absolutamente igual, mas o cuidado e a atenção são diferentes.

Retornando ao Felipe, ele sempre foi um menino muito fácil de lidar e de fazer amizade com muita facilidade, por isso a nossa casa sempre estava repleta de amigos, tanto daqueles que moravam no meu condomínio como dos amigos da escola. Em minha casa, meus pais nos ensinaram que, na família, o bem mais precioso que temos, além do amor, é a união entre irmãos e que, na ausência dos pais, são os irmãos que dão a acolhida e o suporte necessário uns aos outros, independentemente do erro ou do acerto que se tenha cometido. Irmão é o nosso melhor amigo! Talvez meus pais tenham nos passado esse ensinamento por termos vivido fora do Ceará, distantes dos membros da nossa grande família, por muitos e muitos anos. Assim, só podíamos contar conosco quando algum problema surgia em nosso caminho.

Passei ao Felipe o ensinamento de que o irmão é o melhor amigo, que temos o dever espiritual de aceitá-lo como ele é, de ajudá-lo, e, assim, os dois foram crescendo juntos. O Felipe dizia que o Edu tinha um parafuso a menos. Não sei de onde ele tirou isso ou se ouviu alguém falar. Por isso, quando íamos atravessar uma rua, Felipe se preocupava com o irmão e segurava a mão dele até chegar à calçada. Eu via nesse gesto uma forma de cuidar e de proteger o Eduardo. À medida que foi crescendo, Felipe me dizia: *"Mãe, não deixe o Edu dirigir seu carro"*. Quando lhe perguntava qual a razão, ele respondia: *"Mãe, o Edu é meio atrapalhado"*.

Numa de nossas conversas após buscá-lo em uma de suas atividades escolares, num final de tarde, Felipe, já com 13 anos, perguntou-me por que o Eduardo era especial, pois havia ouvido alguém na escola chamá-lo de especial. E na sequência, perguntou: *"Por que o Edu é especial e eu não sou?"*.

Inicialmente, fiquei assustada e contrariada com o termo, porém tinha que saber de Felipe o que ele entendia por especial. Após a sua resposta – correta – para a palavra especial, respondi: *"Pois é, filho, vocês dois são muito especiais para nós, cada um em sua forma de ser"*.

Nesse dia, percebi que havia passado da hora de ter uma conversa com Felipe para explicar-lhe a razão de o Edu ter "um parafuso a menos", como ele dizia. Até então, para ele, o Edu era assim mesmo, era o normal dele. A conversa se estendeu até chegarmos em casa.

Não foi uma conversa fácil. Contudo, tomei coragem e contei tudo o que se passou com o Eduardo desde o momento da minha gravidez. Inclusive, contei que eu havia tido uma gravidez anterior à do Edu e que era uma menina; que ele tivera uma irmãzinha que nascera com vida, porém sobrevivera poucas horas; que eu estava com cinco meses de gestação e que a neném tinha apenas 350 gramas e não sobrevivera. Era um anjinho que, com certeza, estava no céu.

Como estava relatando, falei para o Felipe todos os problemas que o Eduardo teve que enfrentar ainda bebezinho. Ele ouviu atentamente e depois me perguntou com os olhos cheios de lágrimas: *"Mãe, então, quando vocês ficarem mais velhos, idosos, quem vai cuidar do Eduardo sou eu?"*. Fiquei completamente desconcertada, sem saber direito o que responder. Ao mesmo tempo em que sabia que tinha que lhe responder e mesmo achando que a verdade precisava ser revelada, sabia, também, que seria jogar para Felipe uma responsabilidade muito grande, de um futuro ainda distante, dos cuidados com o irmão, mesmo sabendo que isso ocorrerá naturalmente, caso a vida siga seu curso natural.

Comecei explicando que, naquele momento, ele tinha que pensar nos estudos, escolher uma profissão, fazer uma faculdade e trabalhar. *"Isso, neste momento é mais importante, filho. Por enquanto seu foco são seus estudos, porque esse é o bem mais precioso que podemos lhe dar. Você irá crescer e se tornará um grande profissional, tenho certeza disso. Entretanto, como vocês são irmãos, saiba que em qualquer que seja a necessidade, pois não sabemos o dia de amanhã, você terá que ficar à frente das responsabilidades para com o Edu. Mas não vamos antecipar as coisas. Não pretendo que você queime as etapas referentes ao seu amadurecimento. Você tem um longo caminho a percorrer. Sua prioridade, neste momento são os estudos, ok?"*.

Daí, esperei para ver se ele faria mais alguma pergunta. Como não fez, achei que a minha explicação tinha sido suficiente, uma vez que o Felipe se deu por satisfeito e tinha que viver a sua adolescência sem as responsabilidades de uma pessoa adulta. Realmente, fico muito preocupada com o futuro dos meus filhos. Porém, aprendi com o tempo que temos que viver um dia após o outro, curtindo um dia de cada vez, ou seja, viver sempre o dia presente.

Felipe está com 17 anos e desde a nossa conversa sobre cuidar do Eduardo, ele não tocou mais no assunto comigo nem com o Iram. Eu sou sua grande confidente, ele tem por hábito me contar tudo o que ocorre em seu dia. Além de sermos grandes amigos, temos uma confiança mútua um no outro.

Durante vários anos, conversamos sobre questões próprias dos adolescentes e em um desses bate-papos, Felipe deixou escapar que gostaria que o Edu, por ser mais velho, pudesse ensiná-lo sobre vivências e experiências, principalmente no que diz respeito a relacionamentos.

Da mesma maneira que achei bastante interessante esse seu desejo, fiquei triste porque percebi, de forma muito clara, que ele gostaria de poder conversar não comigo e com o pai, mas com o irmão, por ser ele seu melhor amigo, o que não podia ocorrer porque, como já disse, o Eduardo não consegue manter uma conversa que não seja aquela de perguntas e respostas curtas. Só pude dizer: *"Filho, sinto muito. Isso realmente não poderá ocorrer devido às limitações de seu irmão, que você já conhece. Mas saiba que mesmo nessa condição, o Eduardo é seu grande amigo. Fale de suas dúvidas com ele, mesmo sabendo que ele contribuirá muito pouco. É uma forma, inclusive, de você desabafar e não ficar tão ansioso. Saiba, filho, que seremos sempre amigos e pode contar conosco sempre que você precisar"*.

Durante essa conversa percebi que havia chegado o momento apropriado, talvez até mesmo tenha passado do tempo, de cada um ter seu próprio quarto. O tempo passa e nos habituamos com a situação mais cômoda para nós. Assim, resolvemos fazer uma reforma no nosso apartamento. Conversamos sobre a obra com o Felipe, para ouvir a opinião dele, e demos início à obra, transformando a suíte de hóspedes – que só apareciam nas férias de julho e nas de fim de ano – em um quarto para ele.

Terminada a obra, que nos custou uma bela quantia, cada um tinha o seu próprio espaço, para administrar da forma mais adequada. Entretanto, após dispor cada um de seu próprio espaço, percebi, pela forma de falar, que nenhum dos dois queria se separar, e eles acabaram ficando os dois no mesmo quarto. Vá entender!

O mais interessante é que eles fizeram um acordo: cada um tinha seu quarto, seu banheiro, seu guarda-roupa etc., mas dormiriam juntos. Assim, como o Edu gosta de ficar no quarto ouvindo música, vendo filmes e dormindo até tarde aos fins de semana, ficaria no quarto do fim do corredor, por ser mais sossegado e tranquilo, enquanto o Felipe ficaria no quarto do meio. E sempre que precisasse, o Edu cederia o seu quarto para as visitas.

No início não consegui compreender a razão de eles quererem dormir juntos, mas aos poucos fui percebendo e vendo o quanto o Felipe é importante para o Eduardo. Essa obra me mostrou toda a insegurança do Edu. Por essa razão, ele sempre acordava à noite e ia para a cama do Felipe. Da mesma forma que essa situação me deixa insegura quanto ao futuro dos dois, também fico emocionada por eles não quererem se separar.

Uma família por si só tem a sua complexidade, enfrenta problemas e frustrações, pois somos seres independentes. Em determinado momento de nossas vidas, cada um ou cada filho quer seguir o seu caminho, a sua independência, enfim, formar a sua própria família, o seu ninho, e quando penso nessa nova vida, lembro-me da definição de filho atribuída a José Saramago:

> Filho é um ser que nos emprestaram para um curso intensivo de como amar alguém além de nós mesmos, de como mudar nossos piores defeitos para darmos os melhores exemplos e de aprendermos a ter coragem. Isso mesmo! Ser pai ou mãe é o maior ato de coragem que alguém pode ter, porque é se expor a todo tipo de dor, principalmente da incerteza de estar agindo corretamente e do medo de perder algo tão amado. Perder? Como? Não é nosso, recordam-se? Foi apenas um empréstimo.[10]

Este pequeno texto é bem verdadeiro para todos nós, pais, porque chega um momento da vida em que cada filho quer a sua individualidade, quer viver a sua vida, como diz o ditado, quer alçar seus próprios voos. Entretanto, no contexto do pensamento acima, imagine, por alguns minutos, o grau de preocupação dos pais que têm filhos diferentes, sobretudo aqueles que dependem diretamente deles para viverem, tendo, ao mesmo tempo, a consciência de que nós não somos eternos. Isso é desesperador!

Por mais que tentemos não pensar no futuro, ele sempre vem nos atormentar. Por essa razão, temos que estar sempre atentos para não nos deixarmos embarcar em pensamentos que não nos levam a lugar algum. Essa é uma das razões pelas quais eu digo que uma família bem estruturada é nosso alicerce: porque, por meio da sua estrutura sólida, encontramos a segurança e a acolhida que precisamos quando chegamos em casa, a proteção de que necessitamos quando estamos desamparados, sem forças para prosseguirmos na nossa jornada. Portanto, creia que a família, além de nosso maior patrimônio, é nosso castelo. É ela que nos dá paz.

Foi essa estrutura familiar que sempre procurei transmitir para meus filhos, um lar com a estrutura edificada firme, seus pilares estruturais construídos sobre rocha em seus requisitos mais importantes, tanto o emocional quanto o material e, principalmente, o espiritual. Desses três, creio que o emocional seja aquele que comparo a uma plantinha, que precisamos regar todos os dias. Talvez, dos três, seja o mais difícil, pois nós somos os responsáveis pelos ensinamentos e os direcionamentos no caminho a ser trilhado por nossos filhos, mesmo que a trilha seja uma escolha pessoal.

Como já explanei, foram longos anos, sem sucesso, para tentar entender e compreender o que realmente se passa na mente do Edu. Chega a ser melancólico ter com meu filho um diálogo com perguntas e respostas curtas, ou seja, "sim", "não", "quero água", "tô com fome" etc. Não há como

---

[10] Disponível em: https://beefamily.com.br/definicao-de-filho-por-jose-saramago/. Acesso em: 04 maio 2021.

manter um diálogo, se sequer conseguimos entendê-lo por meio dos seus gestos, do seu sorriso, da sua raiva, da sua impaciência, da sua irritação. São questões para as quais não consigo encontrar respostas adequadas e que me satisfaçam.

Como eu gostaria de ter o poder de Jean Grey, a Fênix, do filme *X-Men*, de ler a mente dos outros. Como seria bom... Quisera eu ter o poder de ler o que se passa na mente do Edu e conseguir manter um pequeno diálogo com ele, mesmo que só por alguns poucos minutos. Quando penso nisso, entro em parafuso e fico me questionando se realmente proporcionei o melhor a ele (já estou eu, aqui, cobrando-me mais uma vez...).

Mesmo sabendo que ainda tenho um longo caminho pela frente e muitos desafios a enfrentar, fico querendo descobrir algo que o complete como ser humano; algo que desenvolva suas aptidões emocionais e, consequentemente, profissionais; algo que seja capaz de deixá-lo num estado de paz, de interesse; algo que seja maior do que uma hora de aula, que precise de mais horas, que aumente o desejo dele de aprender; algo que lhe permita descobrir do que ele gosta e o que lhe dá prazer.

Ah, meu Deus! Por que, volta e meia, eu mesmo regrido? Cá estou eu, escrevendo as minhas preocupações sobre o Eduardo novamente, mesmo tendo consciência de que não posso me culpar, cobrar-me, por sua forma de ser. Como você, leitor(a), pode perceber, não tenho uma tecla delete para seguir em frente sem pensar no futuro do meu filho! Tento, mas é muito difícil!

A questão emocional me leva a ver as diferenças de educação que nos são impostas pelo tipo de sociedade em que vivemos e pela influência do mundo cada vez mais conectado, de forma geral.

Se a educação do Felipe já é difícil, imagine educar um filho considerado especial e se deparar com situações demasiadamente complexas, impossíveis de serem resolvidas de supetão. Iram segue uma linha mais dura. Seu olhar, sua voz firme e grave, que mostra aos meninos toda a autoridade de um pai, contrabalança com a minha fragilidade materna de procurar protegê-los sempre. Entretanto, juntos conseguimos encontrar o contraponto na educação dos meninos, e digo, sem nenhuma modéstia e pretensão, nós somos a bússola que orienta a rota de navegação dos nossos filhos, preparando-os para o momento de sua migração.

Com respeito à espiritualidade, gostaria de dizer-lhes que nasci e cresci num ambiente de extrema religiosidade. Meus pais, Tarcísio e Maria

José, ensinaram-nos algumas virtudes do ser humano, que são: a caridade, a honestidade, o amor ao próximo, a paciência, a tolerância e, finalmente, a fraternidade. Essas virtudes são essenciais para o bom relacionamento e para a boa convivência com os outros.

Meus pais, assim como tantos que existem por aí, enfrentaram turbulências e problemas ao longo de suas caminhadas de vida e conseguiram superar e suportar a dor da perda de uma filha na flor da idade. Acredito, de verdade, que essa superação tenha se dado, em grande parte, em função da fé que eles tinham.

A serenidade e a sabedoria com que enfrentaram cada obstáculo que lhes apareceu, a misericórdia divina sempre presente em suas vidas, foram transmitidas a mim e aos meus irmãos, sem imposição. E eu procurei passar para os meus filhos os mesmos ensinamentos.

Meus sogros, Francisquinha e Antônio, são pessoas de muita fé, exemplos para nós e meus filhos. Dona Franscisquinha tem um temperamento forte e cuidou de seus filhos com muito zelo, principalmente do Iram, primeiro e único filho homem. Ele sempre foi muito cobrado e tido como exemplo entre os sete filhos que ela teve. As outras, todas mulheres. Ela sempre nos mostrou uma crença muito fervorosa em Jesus Cristo. Sua fé e suas palavras nos momentos mais difíceis pelos quais passamos foram importantes, dando-nos tranquilidade.

Ela é a mãe que tenho em Fortaleza e o carinho por ela demonstrado comigo e com os netos nos revelava a importância e a felicidade de termos nascido em famílias de grande união, sedimentadas numa base bastante sólida. Meus meninos, sempre que estão doentes ou precisando de suas orações, pedem para a avó preparar o seu chá milagroso, que eles chamam de lambedor. O chá da vovó serve não só para a cura de resfriados, mas também para fortalecê-los espiritualmente. É uma receita caseira tradicional na família de Iram. É um segredo de sua mãe. Como ela nos diz: *"Filhos, creiam em Jesus Cristo porque só ele é capaz de mover montanhas. Creiam!"*.

Meu sogro sempre foi muito solícito, acompanhando-nos em todas as jornadas pelas quais passamos com Eduardo. Em seu silêncio, sabíamos que estava em oração, torcendo e intercedendo pelo neto. Além disso, sempre foi muito presente: fazia questão de passear com os netos e levá-los ao estádio de futebol e também às pescarias. Ele e Iram são muito amigos e compartilham todos os momentos e preocupações, ambos como chefes de família.

Falando em espiritualidade, lembrei-me da primeira comunhão do Edu. Tenho uma tia freira, Gisele, irmã do meu pai. Conversei com ela sobre a vontade que eu tinha de o Edu fazer a primeira comunhão. Ela imediatamente se prontificou a nos ajudar, catequizando-o. Assim, uma vez por semana, Eduardo tinha aula de catecismo no Convento das Irmãs Franciscanas, e minha tia Gisele explicava e lhe dava tarefas para fazer em casa. Esse período foi de muita dedicação e concentração do Edu, que aprendeu a rezar o Pai Nosso e a Ave Maria. Só esse entendimento, segundo a minha tia, era mais do que justificado para que a celebração eucarística fosse realizada.

Eu, como não poderia deixar de ser, ainda mais tendo meus pais como exemplos, procurei vivenciar e praticar o Cristianismo e seus ensinamentos. É interessante que mesmo não sendo uma católica participativa da Igreja, sempre ia à missa aos domingos e feriados sagrados e, durante vários anos, o Edu fazia questão de ir comigo à missa aos domingos.

Após alguns anos, creio que no máximo dois, deixou de se interessar pela missa, preferindo ficar em casa, enquanto eu mantive a rotina dominical. Entretanto, desde o ano passado – e não sei explicar por qual razão –, foi ele quem passou a chamar-me para ir à missa com ele. Quando perguntava qual o motivo, respondia, na sua forma de ser, "Sinto emoção!".

São esses acontecimentos sem explicação que me fazem ficar observando-o de longe para poder ajudá-lo, e querer entrar em sua mente e, quem sabe, mantermos uma longa e maravilhosa conversa. Hoje em dia, olhando para o Edu, vejo-o como um anjo que me foi entregue, tamanha é a sua pureza e a sua ingenuidade.

"Deus é amor e uma das mais perfeitas concretizações do amor é a família". Essa frase, dita por um padre, na homilia da família, tocou-me profundamente, porque acredito que cada ser humano seja fruto do amor dos seus pais. Realmente, é um grande dom poder gerar uma vida, além de uma enorme responsabilidade, pois temos que nos dispor sem limites para acolher esse novo ser e oferecer o que temos de melhor para ele se desenvolver.

Então, construir uma família não é nada fácil. Requer doação e renúncia, procurando sempre manter viva a chama do amor, tarefa que exige um esforço extraordinário de um casal. Só o amor constrói. E para que floresça em Cristo, temos que aprender a abrir mão de hábitos nunca imaginados, como o nosso egoísmo, as nossas manias, e creio que o mais difícil seja olhar para o parceiro e dizer: "Eu me amo em você".

Por fim, quando penso na minha pequena grande família, penso em amor; quando penso em amor, penso em felicidade; quando penso em felicidade, sinto o meu coração bater forte; e quando sinto o meu coração, vejo que é a felicidade que ele almeja. Então, a busca por essa felicidade é o que realmente desejo para mim, para o Iram e para os meus dois filhos, Eduardo e Felipe.

A vida é a arte de pintar e sentir nossa própria história. Somos riscos, rabiscos, traços, curvas e cores que fazem da nossa vida uma verdadeira obra de arte.

(autor desconhecido)

14
O encontro com a arte

> *As chaves do êxito: escolha algo que lhe apaixone, dê o melhor de si mesmo, e não deixe escaparem as oportunidades.*
>
> (*Benjamin Franklin [1706 - 1790]*).

À medida que escrevia este livro passei a fazer uma série de questionamentos sobre a vida, os sonhos, os planos, as angústias, os medos etc., que comecei a sentir principalmente após o nascimento do Eduardo. E a desejar que um dia as limitações dele pudessem ser mais amenas e, quem sabe, até serem superadas.

Nosso maior sonho, meu e do Iram, na verdade, um pequeno sonho, era que, um dia, o Eduardo conseguisse ler e escrever. Entretanto, a realidade aos poucos foi batendo à nossa porta e conforme tomávamos consciência de sua real condição, nosso pequeno sonho foi sendo abandonado. O tempo, gradativamente, foi nos revelando essa realidade, porque sempre acreditamos que o Eduardo conseguiria não só ler e escrever, mas também ter outras conquistas e até almejar outros sonhos.

Quando me refiro a questionamento, pergunto-me: será que esses sonhos são dele também? Ou será que esse é meu sonho? Será que esse sonho é também o do Iram? O que será o sonho, além de pensamentos, de fantasias, que se apresentam à mente de quem está com suas divagações, elucubrações etc.?

Outras questões que a mim se apresentam são: como é possível compreender a mente do meu filho? O que se passa nela? Quantas dúvidas sobre essa questão! Tenho o direito em ter acesso a ela, mesmo tendo Deus dado a cada um de nós o livre-arbítrio? Não sei responder. Talvez, ou provavelmente, seja essa uma das razões de, em alguns momentos, eu ficar ansiosa.

A verdade é que nós, como pais, temos o nosso lado emocional sempre em estado de alerta, mas em alguns momentos a racionalidade se apresenta mais nítida, ou seja, se o Eduardo é capaz de aprender a ler, será que ele poderá conquistar outros horizontes? Essa é uma das inúmeras perguntas que me faço porque, segundo a minha ótica, a leitura abre a nossa mente, levando-nos a procurar outras oportunidades. Essa é uma das razões pelas quais sempre o incentivamos a ler. E sempre digo: *"Filho, se você aprender a ler e a escrever você poderá ter a sua independência. Poderá fazer outras atividades além daquelas que preenchem a sua vida. Por exemplo, ir para a escola à noite".*

Digo isso porque – não sabemos bem qual a razão – o desejo dele sempre foi ir para a escola no período da noite. Quando lhe perguntávamos: *"Por que estudar à noite?"*, ele simplesmente nos respondia: *"Porque sim!"*. É um desejo tão modesto e simples que ficávamos contrariados em não poder atendê-lo, uma vez que conhecíamos todas as suas limitações. Isso nos deixava tristes. Para nós era um desejo tão mínimo, enquanto para ele seria um grande acontecimento.

Eduardo sempre nos diz que quer aprender a ler, talvez pela importância que nós damos à leitura, mas, por outro lado, ele não consegue se concentrar o suficiente para alcançar esse fim. Acredito até que devido a sua limitação, que não lhe permite. Isso, para nós, gera um sentimento que culmina num desânimo tremendo, entretanto, quando caio em mim, fico insatisfeita comigo por, em alguns momentos da minha vida, ter desanimado.

Com o tempo fui aprendendo que esse é um treino de vigília mental constante, de ficar atenta para que a tristeza não prevaleça sobre todas as conquistas obtidas por meu filho, mesmo sendo ele diferente. Algumas vezes, devo admitir, senti uma enorme frustração e uma cobrança muito grande.

Vale a pena relatar que no dia em que mudei meu plano de observação, ao começar a fazer reflexões a respeito do que é a leitura e que ela não precisa, necessariamente, estar vinculada ao ambiente escolar, comecei a perceber que essa leitura pode já ter acontecido, só que é expressa de outra forma que não a tradicional.

Um dia, ao falar, sem nenhum compromisso, sobre as formas de leitura, com Pedro e Heliete, quando estávamos na praia, eles se lembraram de uma conferência de Paulo Freire sobre a importância do ato de ler. Segundo ele, devemos ficar atentos para as leituras que as crianças fazem a respeito do mundo. O educador citou alguns exemplos, como a leitura das cores das frutas, a forma das nuvens que no céu se esticam e brincam de virar personagens etc. Foi quando o start me ocorreu e, então, eu percebi que a leitura que tanto eu queria ver no Eduardo estava sendo expressa por meio da arte, das cores, das telas, da sua pintura. Quanta ignorância a minha! Quanta cobrança desnecessária! O mais importante foi eu ter tido a humildade de reconhecer a forma de ser do Eduardo, e posso dizer que foi uma maneira que Deus se revelou em Sua simplicidade para mim.

Diante de tudo que vivenciei ao longo dos anos e que tentei transmitir pelas páginas deste livro, penso que está faltando a visão mais importante desta história, a do protagonista. Entretanto, o protagonista não tem voz... Assim, ao me confrontar com esse detalhe, percebi a necessidade de elaborar um questionário com palavras-chaves para conseguir extrair do interior do meu filho, seus sentimentos e suas emoções, e tentar fazer uma leitura de sua mente e do seu coração, uma vez que, até este momento, ele ainda não se pronunciou.

Apesar de estar escrevendo sobre a vida dele, na verdade, estou fazendo um relato das minhas angústias, dos meus medos, dos meus sofrimentos, mas também dos meus sentimentos mais intensos, além das minhas conquistas como mãe. Porém, o mérito é todo do Eduardo, pois ele é o protagonista deste livro.

Foram várias as tentativas de manter um diálogo com o Eduardo, todas em vão. Assim, o questionário a seguir, contendo 17 perguntas, foi elaborado por mim sem ajuda de especialistas. Pode ser que essas perguntas nem façam sentido para especialistas em Psicologia, mas foi o melhor que pude fazer.

As perguntas foram feitas todos os dias, durante dois meses, com os objetivos de suas respostas revelarem o verdadeiro eu interior do Edu e eu ter a certeza de suas respostas, além de uma boa estatística delas. As perguntas feitas e as respostas dadas foram:

1. Por que você fica na janela?
R: Porque é ótimo, uma coisa boa.
2. O que você gosta de ver na janela?
R: Rua, pessoas, carros, prédios, motos, os postes.
3. Você vê cores?
R: Vê!
4. Você vê o céu? Que cor é o céu?
R: Vê! Azul!
5. Você vê árvores?
R: Vê!
6. Qual a cor das árvores? Verde ou vermelho?
R: Verde!

7. Você gosta da janela? Qual a sua sensação, sentimento, quando está na janela?

R: Sim! Emoção!

8. Você sabe o que é sentimento? O que é?

R: Sabe! Ver as pessoas, sinto emoção.

9. Do que você gosta?

R: Ver figuras, prédios, pessoas, viver!

10. Sentimento é o que sentimos em nosso coração. O que você sente? Paz, alegria ou amor?

R: Amor, alegria, emoção.

11. Você sente amor? Amor por alguma pessoa? O que mais?

R: Sente! Pelo Felipe, pela Déborah. Amor é alegria. Sente o sol!

12. Você já terminou de estudar? Você tem uma profissão? Qual é?

R: Terminou! Tenho, artista.

13. Você gosta de pintar? Por quê?

R: Gosta! Porque é ótimo!

14. O que você sente quando pinta?

R: Emoção, amor!

15. Você quer trabalhar? O que você pensa sobre o seu futuro?

R: Quer! Alegria, pinto quadro.

16. Você gosta de música? Qual a música que você mais gosta?

R: Gosta! Renato Russo, "Pais e Filhos".

17. Qual o seu maior desejo?

R: Amor, viver!

Essas foram as respostas dadas pelo Eduardo durante os dois meses. Elas estão escritas exatamente da forma como ele falou. Fiquei muito tempo olhando e pensando em suas respostas. Percebi uma coerência tremenda em suas respostas, todas elas conectadas aos seus sentimentos. Assim, pude compreender um pouco melhor o Eduardo ao perceber que, para entendê-lo, temos que mergulhar profundamente em sua alma, em sua pureza ingênua, em sua simplicidade na maneira de ver o mundo que o rodeia. Por conseguinte, extrair o que está guardado em seu inconsciente, pois suas limitações estão no seu cérebro, como ser humano. Entretanto, seu inconsciente encontra, de alguma maneira, um caminho para reconhecer a sua fragilidade.

Essa foi a forma que eu encontrei, ou seja, uma simbiose propriamente dita, pela qual eu saí do meu campo consciente para entrar no inconsciente dele e, por meio dessa simbiose, sentir e ouvir o que ele queria me dizer, não só para mim, mas para todas as pessoas que convivem com ele e que cruzaram com ele ao longo desta caminhada, e também das outras pessoas que ainda virão.

Eduardo, como pode lhe passar a impressão, por suas respostas simples e sinceras, não é um fantoche ou um animalzinho domesticado que faz a vontade de seus pais ou as do seu dono. Ele tem sentimentos, tem vontade própria, tem sonhos, quer ser livre e diariamente nos pede para ficar sozinho na área de lazer do nosso prédio, ou pede para ir só até a portaria, até a padaria.

Não é uma decisão fácil de ser tomada porque sabemos de suas restrições e limitações. Não vou dizer que nunca deixamos. Tentamos algumas vezes. O problema é que não temos confiança suficiente nele para tais aventuras. Explico melhor: todas as vezes que o deixamos sair desacompanhado, os porteiros do nosso prédio interfonaram, comunicando-nos que o Eduardo estava brincando no elevador, descendo de andar em andar e tocando a campainha de outros apartamentos. Depois, ficávamos sabendo, por nossos vizinhos, que, quando ele via a porta de algum apartamento aberta, entrava sem pedir licença. Todas essas vezes, eu era chamada para tirá-lo do apartamento. No início eu sentia muita vergonha, mas, com o tempo, nossos vizinhos compreenderam a situação por mim enfrentada e me diziam: *"Jacqueline, não se preocupe. Não precisa se justificar. Nós entendemos"*.

Muitas vezes, sentia-me incomodada por ele estar perturbando os outros. Colocava-me na posição dos meus vizinhos, imaginando tamanho incômodo. Era uma situação bastante constrangedora, principalmente quando isso ocorria com vizinhos com quem que não tínhamos tanta liberdade e/ou tempo de convivência.

Acredito que deve ser muito ruim para ele nunca poder estar só, não poder sair de casa e caminhar tranquilamente pelas ruas, ir ao *shopping* desacompanhado. E, até hoje, não consegui entender, ou talvez não tenha ainda feito a leitura correta, de por que o Edu sempre gostou e continua querendo ir para a escola. Minha interpretação de leiga no assunto é que, para ele, a escola representa o seu momento de liberdade, de poder estar só, de andar sozinho sem ser incomodado, de se sentir-se independente. Por outro lado, se a minha leitura está correta quanto a esse desejo, por que razão a sua mente não consegue atingir momentos de concentração em outras atividades ou situações?

À medida que eu escrevia este capítulo comecei a pensar em possíveis títulos para este livro. Não sei dizer por que isso veio à minha mente, se o livro não tinha sido finalizado. Mesmo assim, parei exatamente neste ponto para pensar em um título que fosse apropriado. Inicialmente, pensei: *O filme da vida*. Por quê? Porque eu quis transmitir para o(a) leitor(a) uma história verdadeira, sem esconder absolutamente nada do que passei, não para que o(a) leitor(a) tenha pena, mas para alertá-lo(a) das dificuldades que se apresentam aos pais de crianças especiais, que eu prefiro chamar de diferentes.

Assim, apresento, em cada um dos capítulos, páginas que são caracterizadas por um desenrolar de acontecimentos da minha própria vida, compreendendo diversos momentos por mim vivenciados em intervalos de tempo distintos. Caramba! Agora perdi totalmente a concentração no que eu estava escrevendo porque a ideia do título não quer me largar!

Voltei, porém, continuo a pensar num título. Pensei em: *A importância de acreditar em você*. Ao me perguntar o porquê deste título, a resposta foi praticamente imediata: quando queremos, com muita vontade, conquistar determinado objetivo, batalhamos até alcançá-lo – simples assim.

Neste instante, veio à minha mente a dona Glória, aquela senhora que comentei anteriormente, que quis me mostrar que basta ter fé para que tudo aconteça como se tivéssemos uma varinha de condão.

A fé sempre esteve presente no meu coração e acredito que, por meio dela, adquirimos força para seguir adiante, andando junto à esperança de que o dia de hoje será melhor que o dia de ontem.

Por diversas vezes me senti pequena e impotente, e quando acordava tinha que respirar bem fundo para me levantar, enfrentar um dia de trabalho intenso e chegar em casa com disposição suficiente, independentemente de qualquer problema, para levar o Edu para passear, para estimulá-lo a alcançar a tal idade cronológica que os médicos tanto falavam. Esse era o meu lema.

Lembro-me do Eduardo com uns 4 anos de idade e, literalmente, saíamos todos os dias para ele andar de bicicleta, para ir ao *shopping*, para passear a beira-mar e, o melhor, para transmitir ao meu filho segurança e carinho.

Outro título que imaginei foi: *Apenas um ser diferente*. Este não seria um título apropriado, seria? Afinal de contas, todos nós somos diferentes, cada um com sua personalidade, características físicas, desejos e crenças. O que tem isso a ver com o que eu estou escrevendo? Pode parecer que não tenha nada a ver, porém sei que, na realidade, existe um código velado, posso dizer que são dois mundos diferentes, por mais que tentemos acreditar que todos têm os mesmos direitos e deveres.

Na vida real, todos sabem que a situação de uma pessoa com certas restrições não funciona assim. Existe o mundo das classes sociais, dos ricos e dos pobres, dos atletas e dos paratletas, dos diferentes e dos não diferentes, sendo estes os mais complexos de serem solucionados, segundo a minha ótica de ver a situação em que o mundo atual se encontra.

Creio que seja difícil a união desses dois mundos. Os dados mostram que nunca fomos tão egoístas, com o ódio tão exacerbado. Acredito não estar fazendo nenhum diagnóstico ou julgamento errôneo, tampouco estar atingindo ninguém, porque basta abrirmos os jornais para termos essa comprovação.

Teoricamente, tudo nos parece uma maravilha. Nos discursos, somos todos irmãos. Porém, basta você viver determinada situação ou problema para mudar a sua forma de olhar o outro e o mundo ao seu redor, para perceber a sutileza do comportamento velado da sociedade com relação aos diferentes.

Assim, novamente, tenho que citar os ensinamentos da minha mãe, que, em sua sabedoria, sempre me diz: *"Filha, nada melhor para uma convivência pacífica do que um dia após o outro, porque o que realmente importa não é a queda, mas saber se levantar e seguir adiante. Portanto, filha, siga em frente, não se importe com os julgamentos que podem ou não fazer de você com relação ao seu filho"*.

Eu acredito que o caminho da liberdade seja o nosso maior sonho. Na realidade, o maior direito do ser humano. Mas o maior problema que eu percebo é: o que fazermos quando à liberdade nos é dada? Lembro-me de que, na adolescência, meu sonho era ter 18 anos porque, nessa idade, eu seria livre, poderia voar e fazer de tudo um pouco, sem dar satisfação a ninguém. Eu seria dona da minha vida, moraria sozinha, sentiria a adrenalina correndo pelo meu corpo. Sonhos e mais sonhos.

Ah... A juventude acha que pode ter o mundo aos seus pés. Ao fazer 18 anos e conseguir minha liberdade, minha primeira questão foi: o que fazer com ela? Foi quando me dei conta do que eu deveria fazer para ser livre como um pássaro: ser responsável pelo meu próprio sustento e pela minha própria manutenção. Logo percebi a importância de fazer uma boa escolha profissional, porque era ela que me levaria a um trabalho, que me levaria a ser independente e livre e, consequentemente, muito mais responsável. Não que eu não fosse, mas teria muito mais responsabilidades porque deveria cuidar da melhor forma possível da vida que me foi dada.

Compreendi, então, que ser livre, ter liberdade, tem um custo. E não estou falando do lado financeiro. Falo do custo do amadurecimento porque, então, as decisões devem ser tomadas por nós. Dependendo delas, a guinada em nosso leme pode ser tão grande e intensa que o mastro do barco pode não suportar. Quando tomamos uma decisão, temos que estar bastante conscientes e confiantes para qualquer que seja a tempestade que possa vir pela frente, se o barco a suportará, ultrapassando qualquer que seja o tamanho da onda.

Quando caio na minha realidade fico observando o olhar ingênuo de criança do Eduardo, perdido no tempo, e me pergunto: o que se passa nessa cabecinha, meu Deus? Tenho a impressão de que ele vive num mundo paralelo, termo utilizado pelo meu irmão quando tentou me explicar a teoria da relatividade geral de Einstein. Coisa de louco! Fiquei na mesma, porém, o termo nunca mais saiu dos meus pensamentos.

Será que o Eduardo vive em um mundo paralelo, em um mundo ilusório? Não sei dizer. No entanto, quando vejo seu olhar de criança, pergunto-me sobre seus pensamentos, porque ele é um homem, logo, deve desejar se relacionar, deve ter sentimentos amorosos. Porém, age de forma inocente.

Nem eu, nem ninguém, sabe o que realmente se passa em sua mente. Sinto que ele quer amadurecer, pois já me disse que quer trabalhar, mas sei que não depende apenas da vontade dele. Será que esse momento algum dia chegará? Cresci, o que irei fazer? Será que o Edu pensa nisso? Meu Deus, mostre-me como proceder. Algum tempo atrás li que um pai cumpre a sua missão na Terra quando seu filho começa a andar sozinho e não precisa mais dele.

Tenho que discordar, porque os seres humanos iniciam a vida completamente desamparados e dependentes de outros seres humanos e o desenvolvimento desse novo ser acarreta consequências e implicações de grande responsabilidade para aqueles que dele cuidarão. E como ficam os filhos que dependem e precisam de outros para andarem "sozinhos", ou seja, para sobreviverem, já que não podemos escolher e muito menos interferir na história genética de cada um?

Essa é uma das razões pelas quais a liberdade tem grande importância nesse processo, pois acredito que a sociedade deve ser totalmente livre, tendo por base a fraternidade como seu princípio fundamental. Só assim encontro tranquilidade, por acreditar na cooperação voluntária das pessoas de uma comunidade em relação aos seus membros, caso contrário, nada faz o menor sentido.

Intrinsecamente, nascemos sabendo da importância que pai e mãe têm na vida de seus filhos e como gostaríamos, e até desejamos, que eles fossem eternos, pois são nosso porto seguro, onde sempre estaremos ancorados. Sabemos que podemos sair de casa, mas que a porta estará sempre aberta para nos receber, porque o amor deles é puro, eles querem somente a nossa felicidade, sem pedir qualquer coisa em troca.

E nós, o que queremos? Um mundo novo, com descobertas, abrir novas fronteiras, percorrer o mundo sem olhar para trás. E entendemos que, quando atingimos determinada idade, queremos a nossa vida tão sonhada e afirmamos que já estamos maduros para tomarmos nossas próprias decisões e para seguirmos a nossa caminhada sem precisarmos da ajuda de ninguém, para trilharmos novos caminhos. São caminhos de esperança, uma vez que tudo na vida tem um sentido de ser e nada acontece por acaso.

Por mais dificuldades que tenhamos, sempre haverá uma luz que nos ilumina para seguirmos em frente, mostrando-nos outros caminhos. Digo isso porque a esperança sempre andou comigo, inclusive nos piores momentos pelos quais passei, e procurei nunca a deixar morrer no meu coração. É ela (a esperança) que me fez levantar todos os dias mais fortalecida para um novo recomeçar e, também, mais amadurecida. Cruzar os braços jamais teve espaço em minha casa, o desânimo não fazia parte do meu vocabulário. Pelo contrário, procurei seguir em frente com fé, além de ter a certeza de que o outro dia seria melhor que o anterior. Dessa forma, procurei manter meus pés no chão para enfrentar os desafios que a mim se apresentavam.

Crescemos numa família que não lamentava os tombos que levava da vida, inclusive quando das mortes, sem sentido, da minha irmã Márcia e da minha sobrinha Gabriela, com apenas 4 anos de idade. Tristeza e lamentações, isso aprendido a duras penas, nunca fizeram parte da minha vida, nem da vida dos meus irmãos, porque esse foi o ensinamento que recebemos dos nossos pais.

Sempre gostei de sonhar. Como é bom sonhar e recordar! Às vezes, acordamos e queremos voltar a dormir para continuarmos no sonho que estávamos tendo, de tão bom que era, porque nele muitos desejos aconteceram e se materializaram. Ao despertar vemos que foi apenas um sonho. Por outro lado, abre a nossa imaginação e a nossa mente, porque esta obra divina que é a vida, é pura arte e, na verdade, somos todos protagonistas desta pintura do artista celestial.

Desde pequenos somos estimulados a abrir nossa imaginação, nossa criatividade, quer seja por meio de brinquedos, quer por indagações que nossos pais e professores nos fazem. Dessa maneira, criamos e nos expressamos nos primeiros anos de vida, e a vida escolar amplia ainda mais a nossa capacidade investigativa. Como disse certa vez Picasso: *"Toda criança é um artista. O problema é permanecer artista depois que cresce"*. Quanta sabedoria! Quanta profundidade nesta frase!

Dentro do contexto de Picasso deparo-me com o Eduardo sentado na parte de cima do nosso sofá, que fica de costas para a janela do gabinete da nossa casa, e imediatamente me pergunto: o que ele tanto vê dessa janela? O olhar da janela... Uma janela, um olhar... Apenas uma janela... A janela aberta... A janela... Meu mundo... O menino na janela. A janela para o mundo...

Vendo essa cena, que ainda hoje se repete, veio-me imediatamente o pensamento: sim, esse é o Edu, o meu filho, sempre sentado nessa parte do sofá, olhando o mundo através da janela. Foi essa a cena que me inspirou dar o nome deste livro, **Da janela para o mundo**, porque acredito que, ali, ele se sente em paz, fica tranquilo e, por isso, permanece nessa posição durante algumas horas.

Tentei conversar com ele sobre o que tem de tão interessante, ou o que ele vê que o fascina ao ponto de continuar na janela. O tempo passa e ele nem percebe e, muitas vezes, nem mesmo nós percebemos que ele ainda está naquela janela.

***

"Ei, pessoal, sou o Eduardo. Eu estou vivo, quero ser livre, ter a minha independência e, para isso, preciso ser aceito e ser amado. Eu vivo numa sociedade em que as pessoas estão sempre correndo freneticamente, parece-me que estão sempre atrasadas para seus compromissos. Mundo, eu nasci assim. O meu inconsciente não está afetado, meus sentimentos são iguais aos de vocês, sinto como vocês sentem, meu pensamento vai além do meu eu.

Meu pai, Iram, que eu amo muito, é o meu ídolo, meu referencial, meu amigo. Foi ele quem me ensinou a andar de bicicleta, a me vestir, a escovar os dentes, a fazer minha barba e muitas outras coisas. Sei, também, que ele me impõe limites, delimita o meu espaço. Para mim, ele representa autoridade, eu o respeito muito, sei também o porquê. Eu preciso de regras, eu sei disso. Ele me transmite segurança, gosto de estar ao seu lado, mesmo fazendo sempre uma pergunta só por diversas vezes e ele me respondendo da forma dele, no início bastante calmo, terminando eu por irritá-lo. Esse é o meu limite. O meu não, o dele. *"Pai, tudo beleza?"*. Sempre pergunto isso para ele. *"Tudo beleza!"*, é a resposta que ele me dá.

Lembra, pai, quando eu estava no 2º e 3º ano do ensino fundamental? Você me levava todos os dias para a escola e ficava brincando de falar comigo, juntar e ler as letras, assim ó: 'Eduardo, c com a é ca e s com a é sa. Então, qual é a palavra?'. 'Casa!'. 'Muito bem, filho! Agora, p com i é pi e p com a é pa. Qual é a palavra?'. 'Pipa!'. Iram, você me dizia ainda que quando eu aprendesse a ler eu poderia sair sozinho, lembra? Não precisa ficar triste, pai. Eu ainda vou conseguir...

Já a minha mãe é o meu afeto, o meu aconchego, o meu carinho. É ela quem cuida de mim com amor, se preocupa com a minha alimentação, com a minha saúde. Sempre esteve ao meu lado em todas as festividades da escola, sempre muito presente, querendo me incluir em momentos de conversas com meus primos, meus tios, seus amigos. Sei que ela luta pela minha inclusão neste mundo e sei que é difícil. Sinto que algumas pessoas se afastam de mim. Eu sou de paz, não se preocupem. Não sou agressivo. Quero apenas estar perto das pessoas. Só isso!

Mãe, quando estou em casa, no meu quarto, eu quero estar assim, na minha, me curtindo. Você me ensinou como eu deveria agir quando eu sentisse desejo de me tocar. Eu aprendi, fico na minha. Portanto, não se preocupe quando estou só. Eu estou bem comigo mesmo, sei disso. Você me leva para a igreja todos os domingos. Eu gosto e fico lá, da minha maneira. Você é a minha companheira de academia, me leva para as minhas aulas de artes. Sei que você investe amorosamente e financeiramente muito em mim. Não sei se vou conseguir lhe dar um retorno, mas saiba que estou tentando. Lembra quando você conversou com a minha professora, se eu ia aprender a ler? Eu tinha uns 8 anos de idade. Ela te respondeu: *'Não sei, Jacqueline. Edu pode aprender agora, com 8 anos, com 18 anos, com 28 anos, com 38 anos, com 48 anos, não sei...'.* Você ficou muito triste e pensativa, lembra? Não esquenta não. Estou tentando. E o mais importante: eu quero e não vou desistir porque sei que você não vai desistir de mim. Eu sinto isso. E sei também que eu sempre serei uma criança para você. Mas mãe, eu cresci...

E você, Felipão, meu irmão? A mamãe o chama assim e sempre me ensinou que você é o meu melhor amigo. É o melhor não, você é meu único amigo. Eu fico com você numa boa, cara! Você também cuida de mim! Sempre que os nossos pais saem, eu digo para eles: *'Podem ir, eu fico comportado com o Felipe'*. Eu e você temos um respeito mútuo. Para mim, você é o meu irmão mais velho, você sabia?

Lembra quando nós éramos criança e eu queria muito um cachorro e a mamãe me deu um cachorro de pelúcia, bem grande, quase do meu tamanho? Ah!... Você não lembra porque ainda não tinha nascido. Quando você cresceu um pouco, pediu um cachorro para a mamãe e ela comprou outro cachorro de pelúcia para você. Assim, ficamos com dois cachorros. Tudo bem que eram de pelúcia, enquanto nós queríamos um de verdade, igual à Zara, a labradora dos nossos primos Diego e Taíssa.

Você resolveu esse problema com o meu avô Antônio, que nos presenteou com um canarinho, numa gaiola grande e bonita. Nós dois ficávamos horas e horas sentados em frente à gaiola, vendo o canarinho voar de um lado para o outro dentro da gaiola, até o dia em que eu resolvi abrir a portinha para tentar colocar a minha mão nele, para sentir o passarinho. Fiz tanto isso que, um triste dia, o passarinho amanheceu morto, de tanto estresse que eu provoquei nele. Ficamos muito tristes...

E quando a mamãe nos levou para assistir ao filme 'Procurando Nemo' no cinema? Lembra que saímos de lá e pedimos de Natal um aquário com peixinhos? Eu tinha os meus e você os seus. Ficávamos horas admirando aqueles peixes, suas cores, o bater de cauda, o mexer da boca etc. Sempre fazíamos alguma descoberta. Foram quase três anos cuidando dos peixinhos todos os dias. A primeira providência que eu tomava quando acordava era a de ir alimentá-los e você fazia o mesmo à tarde, enquanto papai e mamãe cuidavam, semanalmente, da limpeza do aquário, até o dia em que eles morreram. Como ficamos tristes e querendo outros peixinhos!

É, Felipe, eu gostava de abraçá-lo muito apertado quando você era pequeno, e achava legal quando você me apresentava para os seus amigos e dizia todo feliz: *'Este é o meu irmão!'*. Eu me sentia seguro com você.

Lembro das noites de Natal, em que deixávamos os nossos sapatos na sala e quando acordávamos estava lá o nosso presente do Papai Noel. E da Páscoa, quando a mamãe escondia os ovos para, quando a gente acordasse, procurar as pegadas do coelhinho. E nós nem gostávamos de chocolate, somente dos brinquedos que vinham dentro do ovo!

Eu passaria horas conversando com você, relembrando a nossa infância cheia de aventuras, de descobertas, dos nossos jogos de videogame. Lembra do dia em que estávamos brincando de videogame e eu resolvi jogar um copo d'água no console? Você ficou bravo comigo, mas eu achei muito engraçado porque saiu fumaça para todos os lados. Pena que o videogame parou de funcionar. Papai, quando chegou em casa e soube da besteira que eu tinha feito, deu-nos um baita sermão e umas palmadas em nossas mãos. E quando a mamãe chegou, nós estávamos quietos, com as mãos abertas. Meu irmão, tenho muitas outras histórias para relembrar, mas vou ficando por aqui.

Quero agradecer à minha família, que eu amo e que acredita em mim. Quem sabe um dia possa ter esse papo com vocês...".

Para você, leitor(a), que agora tomou conhecimento da minha história de vida, quero lhe dizer que sou um artista em desenvolvimento. Ainda tenho um longo e difícil caminho a percorrer. Saiba que estou me preparando para essa longa caminhada.

Quero conseguir. Acredito que estou na trilha certa, dedicando-me a um propósito melhor, pois ouvi dizer que um guerreiro não desiste nunca daquilo que ama porque ele encontra amor no que faz, não procura a perfeição, a vitória ou a invulnerabilidade.

Olhe para este guerreiro. Eu sou totalmente vulnerável, contando apenas com meu amor e minha coragem. Isso mesmo, a minha vida tem sido um eterno treinamento, estou sempre aprendendo algo novo a cada dia. A vida é uma escolha e você pode escolher ser mais uma vítima da vida ou escolher outras trilhas para seguir em frente e ser o que quiser. Minha mãe sempre diz isso. Caso eu consiga, com a pintura, transmitir um pouquinho das minhas emoções, meu sonho terá se realizado e eu estarei muito feliz!

Entretanto, o futuro não está em nossas mãos. Decerto, acredito que Deus nos colocou em um grande e belo jardim que deve ser cuidado, regado e podado para continuar belo e ser apreciado por nós ao longo do caminho. Portanto, não existe início, nem chegada, somente uma trajetória para continuar seguindo!

***

Agora eu, Jacqueline, mãe do Eduardo, termino este capítulo transcrevendo a letra de "Pais e Filhos", do cantor, compositor e poeta Renato Russo, porque essa música retrata muito bem o Eduardo.

Ele a ouve desde a adolescência, chegando a ser, na minha visão, uma obsessão, uma verdadeira fixação. Não estou exagerando ao dizer que o Eduardo, após o entardecer, vai para o quarto dele, coloca o DVD e, algumas vezes, seu *headfone* no ouvido, e ouve essa canção de Renato Russo praticamente todos os dias, repetindo-a, ininterruptamente, inúmeras e inúmeras vezes, durante a maior parte do tempo.

Sempre me questionei a razão dessa fixação. Ia e voltava a pensar, tentando encontrar uma razão racional ou emocional para essa obsessão. O que pode ter nessa letra que tanto deixa o Eduardo calmo, tranquilo, sorridente? O que existe no conjunto, como um todo, das palavras dessa canção, que chamam tanto a sua atenção, deixando-o numa paz espiritual como se estivesse em transe?

Como já abordei anteriormente, Eduardo desenvolveu, ao longo dos anos, alguns rituais que chegam a ser bastante interessantes e que me levaram a concluir que têm por finalidade reduzir a sua ansiedade e permitir a elaboração psíquica de suas angústias existenciais, como, inclusive, a sua necessidade de ver o mundo.

Ele demonstra necessidades especiais e desenvolve características similares àquelas atribuídas aos portadores do Transtorno do Espectro Autista (TEA). Ele é carinhoso, sabe os nomes das pessoas da nossa família, interage com a família, busca diálogo com nossos amigos e até com outras pessoas, manifesta desejos... Tudo isso mostra que o seu comprometimento é mais brando. Mostra-nos, também, a sua capacidade cognitiva, o que nos faz acreditar que o comprometimento neurológico do Eduardo está num nível menor de intensidade.

Por outro lado, para nós, sua família, é uma aventura morar numa casa em constante transformação, porque as salas de estar e jantar da nossa casa, dependendo do dia da semana, viram o seu ateliê de pintura, com telas de todos os tamanhos – as preferidas são as maiores, de dimensão 60 x 60 cm – espalhadas por todos os cantos das salas, para serem pintadas. Temos que cobrir o chão com jornal, espalhar as tintas, os pincéis, as espátulas, panos e mais panos de limpeza, enfim, todos os materiais necessários para que ele possa criar e dar asas à sua imaginação.

Portanto, a convivência com Eduardo nos ensinou, principalmente, a ter desapego das coisas materiais, a não dar tanta importância a regras e a não valorizar tanto os problemas. Desde que percebemos isso, passamos a viver em busca de soluções criativas e inovadoras que sejam mais eficientes na nossa rotina.

Quando penso na rotina que tínhamos e a comparo com a nova dinâmica que passamos a ter, é perceptível a felicidade do Eduardo. Mas, para isso, tivemos que ser humildes e perceber os erros que com ele cometemos e, também, reconhecer a nossa capacidade de superação de problemas que hoje consideramos insignificantes.

Somente após fazermos a "entrevista" com ele é que consegui compreender por que o meu filho ouve sem parar a música "Pais e Filhos". Percebi que a letra dessa canção, de alguma forma, transmite elementos que, para ele, são de extrema importância, tais como: *paredes pintadas*, a sua vontade de pintar as telas, os pincéis; *a janela*, as suas observações visuais através da janela; *quero colo*, o carinho que ele busca em cada um de nós; *meu filho*, a sua condição de filho; *pessoas*, o relacionamento com outras pessoas; *o céu é azul*, a beleza do céu azul e o conjunto de cores; *filhos*, o amor pelo seu irmão Felipe; *minha mãe*, o carinho do amor materno; *meu pai*, a referência de homem; *casa*, a casa como lar e espaço da família; *eu moro com meus pais*, o aconchego da família; *grão de areia*, a praia e o caminhar na areia e ver o mar; *amar as pessoas*, a importância das amizades, dos amigos; e, finalmente, *crescer*, quando o Eduardo fala que quer crescer e olho para os diplomas de 1º e 2º graus que ele próprio conquistou.

Relembrando o passado e vendo o Eduardo hoje, vejo o quanto o meu filho cresceu, embora nem ele mesmo saiba, talvez, a importância do que ele foi conquistando com o passar dos anos, pois a perseverança é uma grande virtude.

Compreendemos a sua vontade de crescer, de trabalhar, de sair de casa, de ter a sua independência. Enfim, agradeço ao poeta Renato Russo (1960-1996) por sua canção e pelas palavras muito bem colocadas nessa letra, porque permitiram que meu filho identificasse os valores de uma família ao longo dos seus 24 anos.

Pais e Filhos – Renato Russo

*Estátuas e cofres e **paredes pintadas**
Ninguém sabe o que aconteceu
Ela se jogou da **janela** do quinto andar
Nada é fácil de entender
Dorme agora
É só o vento lá fora.*

***Quero colo**! Vou fugir de casa
Posso dormir aqui com vocês?
Estou com medo, tive um pesadelo
Só vou voltar depois das três.
Meu filho vai ter nome de santo
Quero o nome mais bonito
É preciso **amar as pessoas**
Como se não houvesse amanhã
Porque se você parar pra pensar
Na verdade não há.*

*Me diz, por que que **o céu é azul**?
Explica a grande fúria do mundo
São meus **filhos**
Que tomam conta de mim
Eu moro com a **minha mãe**
Mas **meu pai** vem me visitar
Eu moro na rua, não tenho ninguém
Eu moro em qualquer lugar.*

*Já morei em tanta **casa**
Que nem me lembro mais
Eu moro com meus pais
É preciso amar as pessoas
Como se não houvesse amanhã
Porque se você parar pra pensar
Na verdade não há.*

*Sou uma gota d'água
Sou um **grão de areia**
Você me diz que seus **pais** não te entendem
Mas você não entende seus **pais**
Você culpa seus **pais** por tudo, isso é absurdo
São crianças como você
O que você vai ser
Quando você **crescer**.*[11]

---

[11] Disponível em: http://www.letras.com.br/renato-russo/pais-e-filhos. Acesso em: 04 maio 2021.

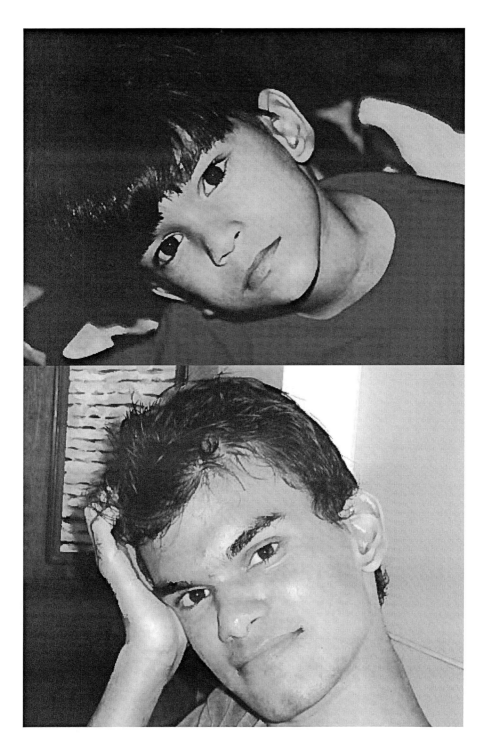

15
Passado, presente e futuro

Aprenda com o passado, viva para o presente, acredite no futuro.

(Albert Einstein [1879-1955]).

Quando pensei em escrever sobre esses três momentos de nossas vidas foi no sentido de expressar os sentimentos mais profundos por mim vivenciados. Do passado, alguns ficaram registrados como lembranças boas, gostosas e bastante interessantes de recordar; por outro lado, aquelas que nos deixaram marcas foram experiências com as quais aprendemos a ver somente os ganhos e nosso crescimento interior. Com essa maneira de pensar, entendemos e passamos a compreender melhor o sentido do presente.

É um passado que, ao me lembrar das minhas atribulações, faz-me perceber que o tempo passou sem que eu o sentisse. O poema "O tempo", de Mário Quintana, vem-me à cabeça, retratando muito bem a minha situação, talvez a de todos nós.

O Tempo

A vida é o dever que nós trouxemos para fazer em casa.
Quando se vê, já são seis horas!
Quando se vê, já é sexta-feira!
Quando se vê, já é natal...
Quando se vê, já terminou o ano...
Quando se vê, perdemos o amor da nossa vida.
Quando se vê, passaram 50 anos!
Agora é tarde demais para ser reprovado...
Se me fosse dado um dia, outra oportunidade, eu nem olhava o relógio.
Seguiria sempre em frente e iria jogando pelo caminho a casca dourada e inútil das horas...
Seguraria o amor que está à minha frente e diria que eu o amo...
E tem mais: não deixe de fazer algo de que gosta devido à falta de tempo.
Não deixe de ter pessoas ao seu lado por puro medo de ser feliz.
A única falta que terá será a desse tempo que, infelizmente, nunca mais voltará.[12]

---

[12] Disponível em: https://app.estuda.com/questoes/?id=101977. Acesso em: 04 maio 2021.

É isso mesmo. Acredito que até a sensação de momentos idos me são saudosos, como o corre-corre da vida, o levar e trazer Edu para os tratamentos médicos e terapêuticos, o acordar cedo para as aulas de natação, para a fonoaudiologia, para a psicomotricidade, e ainda conseguir chegar a tempo ao trabalho. Depois, levá-lo e buscá-lo na escola, voltar do trabalho com energia para levá-lo para andar de bicicleta na pracinha, correr à beira-mar, passear no *shopping* etc., porque o remédio mais importante era estimulá-lo de todas as formas possíveis.

Nesse vai e vem da vida moderna, percebi que tenho que estar atenta ao momento que estamos vivendo, ao aqui e o agora, ao presente, pois passado este momento, há somente um virar de página e a nossa história continua. É como diz esta eterna frase, da qual desconheço o autor:

A razão pela qual algumas pessoas acham tão difícil serem felizes é porque estão sempre a julgar o passado melhor do que foi, o presente pior do que é e o futuro melhor do que será.

Carpe diem é estar em paz comigo, e é no presente que devo colocar toda a energia que se faz necessária para esta caminhada. Como já comentei, fomos criados para não ficarmos nos lastimando da vida. É bem mais fácil aceitá-la, aprendendo com os erros cometidos e tirando proveito deles para seguir em frente. Hoje, percebo que, levantar cedo todas as manhãs para a minha rotina, com filhos, casa, marido e trabalho, era uma dádiva de Deus, uma sensação que muitas pessoas, provavelmente, jamais experimentaram. Sou uma felizarda neste mundo com tantas distorções e injustiças sociais.

Sempre procurei viver no momento presente e, em muitas ocasiões, Iram me dizia para deixarmos de fazer os tratamentos com o Edu para guardarmos o que gastávamos em uma poupança visando ao futuro dele. Nunca concordei com essa forma de pensar, pois sempre achei que o momento de investir no Edu era agora, no presente, e que, inclusive, deveríamos tentar tudo, dar todas as possibilidades para o seu desenvolvimento. Por essa razão, sempre procurei os melhores atendimentos desde a sua mais tenra idade, porque as consequências só iríamos conhecer no futuro.

Futuro é futuro e não temos condições de alterar a seta do tempo, ou seja, o tempo não é uma mera ilusão porque, se assim fosse, seria o mesmo que negar a história da humanidade, o ocorrido em Hiroshima e Nagasaki, atentados terroristas, os tsunamis etc. E como sempre diz meu irmão cientista: a entropia do sistema está sempre aumentando! Esse conceito físico, que, em linhas gerais, significa que os processos naturais são irreversíveis, proporcionou-me dar mais importância ao momento presente.

Nesse contexto, procuramos todas as terapias que estavam ao nosso alcance para o tratamento do Eduardo, procurando sempre nos desconectar de fatos passados e não dar mais tanto valor ao futuro.

O mais importante foi descobrir que devemos viver o momento presente que, independentemente de nossa vontade, segue a seta do tempo, focando naquilo que estamos vivenciando no aqui e no agora, porque nos proporciona maior satisfação e riqueza de sentimentos, de experiências, de aprendizado e de crescimento, engrandecendo o nosso espírito.

Esse crescimento e essa compreensão do meu espírito me possibilitou encontrar a felicidade e a paz espiritual. Como acredito que tudo na vida tem uma razão de ser, o que nos acontece hoje tem uma relação direta, uma conexão intrínseca, refletindo diretamente no que nos tornaremos no futuro. Na seta do tempo, nessa evolução temporal, não podemos fraquejar. Devemos seguir por um ou outro caminho, que terá consequências somente num futuro próximo.

Na verdade, hoje estamos vivenciando um momento de transição do Eduardo, isto é, de uma vida de 22 anos em escolas desde o ensino infantil, passando pelo fundamental e médio, com a rotina de acordar cedo, ir para a escola e, à tarde, os atendimentos psicoterapêuticos para um momento de profissionalização.

Sabemos que, com a conclusão do ensino médio, o estudante almeja uma profissão e, se possível, cursar uma faculdade, especializar-se e seguir em frente com a sua vida adulta. Mas essa trajetória de vida não ocorrerá com Eduardo e, por isso, estamos vivendo um momento de tentar descobrir suas habilidades, seu talento, uma vez que entendemos o quanto é difícil para ele ter noção dessa realidade que o levará a seguir uma carreira profissional.

É nítido, pelo menos é nisso que acredito, que ele tenha se identificado com a pintura, pois além de ele ficar tranquilo quando está pintando, ele fica bastante concentrado no que está fazendo, achando que a aula não terminou, querendo ficar após o horário estipulado. Essas são indicações do impacto e da importância que a pintura lhe causou.

Seu interesse pelas artes foi sendo revelado aos poucos, à medida que ele aprendia, fazendo novas descobertas. As aulas de pintura ocorrem três vezes por semana e nelas são trabalhados traços, linhas firmes, finas e grossas; círculos e desenhos com delimitação de formas cujo objetivo é trabalhar os limites das telas; desenhos para trabalhar com vários instrumentos; pincéis de variadas espessuras, espátula, rolo, espuma, carvão, dedo, mistura de tintas usando palheta etc., de forma que ele possa criar livremente e também traçar o que lhe é solicitado.

É importante relatar que procurei, durante muito tempo, uma Escola de Belas Artes em Fortaleza, mas essa busca foi em vão, simplesmente não existe! Existem somente cursos de artes com uma carga horária de duas ou três horas por dia e somente uma vez por semana, ministrados na forma de aula particular.

Eu imaginava encontrar uma escola com habilitação em Artes para alunos especiais, em que fossem trabalhadas as habilidades artísticas dos alunos, como desenho, pintura, escultura, música, fotografia etc., em que o aluno estudasse durante um período do dia por alguns anos.

Como procurei e sonhei com uma Escola de Artes Plásticas! Agora estou eu, aqui, criticando e querendo mudar todo um sistema para atender, a princípio, às minhas necessidades. Cheguei mesmo a elaborar um projeto dessa escola fictícia, com o objetivo de dar continuidade ao desenvolvimento das habilidades das crianças especiais.

Talvez esse seja um sonho pessoal, que tomou forma quando me deparei com o fato de o Edu ter atingido a adolescência, saber que logo seria adulto e que, ao concluir os estudos básicos, ficaria sem uma atividade que lhe permitisse se sentir produtivo para a sociedade. Às vezes, pergunto-me se meu filho se preocupa com questões tão mundanas como produtividade...

Porém, acredito que uma Escola de Artes seja uma das formas de continuar a estimular o desenvolvimento das habilidades intrínsecas das crianças especiais para que elas adquiram uma qualidade de vida melhor e não fiquem apenas vendo a seta do tempo passar.

Faço essa observação porque, a princípio, o que começou como meu sonho tornou-se realidade ao testemunhar cada momento das descobertas do Eduardo ao tomar contato com a pintura. A tranquilidade e a serenidade espiritual por ele adquiridas após ter se descoberto pintando é que me faz acreditar e sonhar com uma Escola de Artes para pessoas especiais, com abrangência ampla e que atenda não só crianças, mas também adultos.

Acredito que, numa Escola de Artes, cujo objetivo principal esteja voltado para a criatividade, incluindo também aulas de canto, instrumentos musicais, teatro, dança, histórias, alguns esportes, além, é claro, de artes plásticas, visando a uma melhor qualidade de vida, seria o ideal para uma possível profissionalização desses indivíduos.

Creio que uma escola com tais características possibilite que adultos e crianças especiais continuem a desenvolver e a descobrir o potencial individual próprio de cada ser humano. Mas, como não sou especialista em Pedagogia, Psicologia e áreas afins, não tenho parâmetros, tampouco conhecimentos, e menos ainda recursos financeiros para desenvolver um projeto dessa natureza. Tudo um sonho!

Eduardo iniciou um curso de técnicas em desenho no início de 2015, logo se identificando com a pintura. Ao longo desse período, ele pintou vários quadros, que ficavam expostos na sala de visitas da minha casa. Quando recebia meus amigos e parentes em casa, eles apreciavam e demonstravam interesse pelas pinturas, querendo, inclusive, adquiri-las. Por sugestão deles, resolvi procurar um local adequado para expor o trabalho desenvolvido pelo Eduardo, revelando as suas habilidades antes ocultas.

Inicialmente, achei a ideia completamente absurda, porque essa não havia sido a intenção quando o Eduardo começou suas aulas de pintura numa Escola de Artes. Contudo, à medida que o tempo foi passando a ideia foi ganhando forma, até me deparar com um dos aspectos mais importantes e difíceis para a realização de uma exposição de quadros, ou seja, a minha total falta de conhecimento sobre o assunto e, mais ainda, não saber a quem procurar, além do fato de o artista ser meu próprio filho.

Nessa busca encontrei pessoas incríveis, que se interessaram pelo assunto e me auxiliaram a encontrar o caminho. Assim, cheguei à Livraria Nobel, que tem um local apropriado, adequadamente denominado de "Espaço das Artes", e que tem por tradição apoiar o surgimento de novos talentos, como pintores, músicos, escritores, escultores, fotógrafos etc., divulgando e expondo seus trabalhos. Esse espaço tem propiciado oportunidades ao incentivar os artistas desconhecidos do nosso estado a mostrarem suas obras.

Foi no Espaço das Artes da Livraria Nobel que Eduardo teve a oportunidade de realizar o seu primeiro *vernissage*, em abril de 2016. É claro que essa chance não poderia ser perdida de forma alguma. Em um curto espaço de tempo, convites e *folders* contendo um pequeno *release* sobre o Eduardo, o artista, estavam prontos, com divulgação local. Graças à colaboração de duas primas – Cristina, cerimonialista, e Regina, que tem como *hobby* a fotografia, que ficaram responsáveis pela divulgação –, a exposição dos quadros pintados por Eduardo foi um sucesso!

No grande dia, Eduardo estava muito contente. A satisfação estampada em seu rosto era um sinal de que eu estava indo pelo caminho certo ao colocá-lo em contato com as artes, fato que me deixou bastante feliz e querendo ter condições econômicas para tornar meu sonho uma realidade: abrir uma Escola de Artes voltada para pessoas especiais!

Assim, pela primeira vez, minha grande família tomou conhecimento do trabalho desenvolvido pelo artista Eduardo. À medida que os convidados chegavam – amigos, tios, primos e o público em geral, presentes na livraria para tomarem café –, ficavam admirados com a forma de suas pinceladas, com seus traços e com o conjunto das cores por ele experimentadas em cada um de seus quadros.

É importante ressaltar que nas primeiras telas pintadas por Eduardo, eu e seus professores de artes, Willian Barreto e Sandra Amorim, fazíamos os riscos principais para, assim, darmos um encaminhamento a Eduardo, sendo a pintura, a escolha das tintas e as misturas utilizadas uma livre escolha dele.

Neste momento me veio à lembrança uma das inúmeras avaliações a que Eduardo se submeteu. Em sua avaliação, a terapeuta ocupacional nos disse: *"Jacqueline, seu filho precisa de um braço para direcioná-lo na caminhada da vida. Esse braço pode ser o seu, o meu, ou de qualquer outra pessoa"*.

Eduardo precisava apenas de alguém que o ajudasse a revelar suas habilidades ocultas e hoje vejo que tive, nas mais diferentes formas, a ajuda de vários e vários braços, que passaram e caminharam conosco ao longo desta estrada.

Ficamos felizes e agradecidos porque parte do nosso sonho foi alcançado e a noite não poderia ter sido melhor. Foi, realmente, uma noite perfeita, magnífica! Compareceram aproximadamente 100 pessoas, nada mal para uma primeira exposição, ainda mais com respeito a artes e sendo o Edu desconhecido, uma vez que, no Brasil, os artistas não são adequadamente valorizados, nem temos o hábito de visitar museus.

Fiquei bastante emocionada com a presença da pediatra do Edu, Roseny Marinho, da psicóloga Silvana Barros e, para minha surpresa, de três de suas terapeutas, Cristina Pinheiro, Izabel Azevedo e Sirleyde de Carvalho, profissionais que não víamos há bastante tempo e que, ao tomarem conhecimento da exposição do Eduardo, fizeram questão de prestigiá-lo com seu abraço e seu carinho. A noite foi simplesmente fantástica para todos nós!

E quero deixar registrado aqui um fato ocorrido durante o evento sobre a felicidade do Eduardo, que pode ser percebida no diálogo mantido entre ele e o nosso amigo Igor, meu *personal trainer*, que irei transcrever. Mazé, minha secretária, pediu para o Igor acompanhar Eduardo até o banheiro. No trajeto, Edu, na sua forma de se expressar, perguntou espontaneamente ao Igor:

– Tá bonito?

– Sim! Tá lindo! Vamos voltar logo!

– Por quê?

– Tá todo mundo te esperando.

Pode parecer um diálogo bastante simples, mas não é para quem conhece as limitações verbais do Eduardo. Igor estava tão perplexo que, imediatamente, veio me relatar o que tinha acontecido. Em sua avaliação, Edu disse e demonstrou em poucas palavras todo o seu sentimento e que o seu eu estava presente no evento, vivendo e participando de tudo que estava acontecendo.

É muito difícil ter um *feedback* do Eduardo. Para que isso ocorra é necessário que ele receba uma provocação por parte de outra pessoa. Portanto, a frase "Tá bonito?", por ter saído espontaneamente de sua boca, é de grande importância e motivo de felicidade para todos que o acompanharam ao longo de todos esses anos.

Em agosto, Eduardo foi convidado a participar da primeira exposição, a dos alunos do Professor Willian Barreto. Essa exposição contou com a participação de seis alunos, cada qual com o seu estilo e talento. Nela, o Edu participou com cinco de seus quadros. Foi novamente outra noite magnífica, com a presença de fotógrafos da mídia local, entrevistas com o professor e artistas.

Nessa exposição, eu e Iram ficamos de longe, observando e conversando sobre o comportamento do Eduardo. Ele estava tranquilo, livre, fazendo-se presente, ao modo dele, interagindo com as outras pessoas. Ele quis ficar sentado numa mesa ao lado do seu irmão Felipe, do professor Willian e dos outros colegas do curso. Nós e alguns amigos ficamos surpresos com a cena que estávamos vendo, por ser outro momento de seu crescimento pessoal.

A segunda exposição individual do Eduardo ocorreu em outubro de 2016, também no Espaço das Artes da Livraria Nobel. Nela foram expostas, na sua maioria, telas com pintura abstrata. Esses quadros retratam e expressam o seu sentimento no momento da criação, não contando mais com a nossa participação, apenas orientando-o nos espaços de delimitação e na mistura das tintas. Foi outra noite fantástica.

Os comentários dos amigos durante o evento eram sobre o crescimento, o desenvolvimento e a beleza das pinturas, pois a pintura abstracionista é pincelada sem nenhum planejamento, uma tela em branco vai tomando forma de acordo com o sentimento do seu criador; em algumas surgem figuras sem nenhuma intenção anterior; em outras, as manchas por si só formam caminhos e linhas puras, dando asas à imaginação de cada um de nós.

Estamos vivenciando um momento único na vida do Eduardo, curtindo o seu empenho nas aulas de pintura, a sua criatividade e a sua produção quando da elaboração de seus quadros. Procuramos não esquecer o ontem, mantendo-o como referência. Quanto ao amanhã, consideramo-lo apenas uma meta a ser alcançada. Essa foi uma maneira que encontramos de nos preservarmos, uma vez que o futuro gera ansiedade, consumindo, desnecessariamente, nossa energia, tão importante para vivermos o aqui e o agora.

Há alguns anos, quando Eduardo tinha apenas 6 anos de idade e eu estava no final da gravidez do Felipe, minha prima, amiga e irmã, Cecília Noemy, perguntou-me:

– Amiga, qual a sua expectativa em relação ao Edu?

Eu respondi:

– Ciça... – é assim que eu a chamo – Não sei! Porém, o que mais quero é que meu filho seja feliz!

Acredito que todos nós buscamos a felicidade. Onde estará a felicidade? Ficou no passado? Não! Estará ela em algum lugar do futuro? Não sei dizer. Entretanto, o que posso afirmar com absoluta convicção é que a felicidade não está perdida, tampouco escondida. Ela está presente, aqui e agora, neste momento. Portanto, procuro viver no presente, curtindo cada segundo da minha vida e dedicando-me intensamente aos momentos junto à minha família, porque essa é a razão da minha existência, encontrando, assim, a nossa felicidade.

Quero finalizar esta escrita agradecendo ao Senhor Deus com uma frase do Santo Padre Pio de Pietrelcina (1887-1968).

O meu passado, Senhor, à Tua misericórdia.
O meu presente, ao Teu amor.
O meu futuro, à Tua Providência.[13]

---
[13] Disponível: https://br.pinterest.com/pin/696298792362605742/. Acesso em: 06 maio 2021.

Agradecimentos

> *Os avós são a sabedoria da família, de um povo. Um povo que não escuta os avós é um povo que morre.*
>
> (Papa Francisco)

Agradeço, inicialmente, a Deus, por ter me dado força e coragem para expor, nas páginas deste livro, momentos únicos e grande parte da minha vida. Não foi uma tarefa fácil me expor, escrevendo sobre os meus sentimentos para vocês, logo eu, uma pessoa extremamente reservada e discreta, mas tive coragem em abrir meu coração.

Agradeço ao meu pai Tarcísio, que com sua ternura e sabedoria, com suas brincadeiras certas e no momento certo, conseguiu me fazer compreender o que estava por trás das palavras e dos ensinamentos deixados por Jesus Cristo. Ele me mostrou que tudo aquilo que recebemos de Deus vem no tempo d'Ele e temos que ter força para continuar vivendo, pois a misericórdia divina está sempre presente em nossas vidas.

Tenho saudade de ouvi-lo dizer: *"Paz e bem para todos desta casa!"*. Essa frase era o seu lema. Ao final deste agradecimento compartilho com você um bilhete que meu pai escreveu para mim em 2002, ao me presentear com um livreto *Paralisia cerebral: Essa dor não me venceu*. Este bilhete por si só demonstra o carinho que meu pai sempre teve por todos nós.

Agradeço também à minha mãe, Maria José, minha confidente, conselheira e psicóloga, sempre presente em meus momentos de angústia, de desespero, das experiências dolorosas pelas quais passei, bem como nos momentos de felicidade. Quando não podia vir a Fortaleza, ficávamos horas a fio conversando. Na realidade, ela me ouvindo pacientemente no telefone. Com a sua sensatez e a sua sabedoria, mesmo estando longe, sempre transmitiu sua energia para me confortar.

O incentivo para escrever este livro foi dado pela nossa terapeuta, a psicóloga Silvana Barros, há mais de dez anos. Profissional sensível, firme e positiva em suas colocações. Obrigada, Silvana, por todo o seu apoio e a sua orientação de como lidar com o inconsciente do Eduardo ao longo de todos esses anos. Foi de fundamental importância para nós compreendermos o nosso filho.

Cabe destacar o incentivo do Harllen, gerente administrativo da Livraria Nobel e hoje meu amigo, que acreditou e vibrou com as pinturas feitas por Eduardo, cedendo o Espaço das Artes da Nobel para a realização de suas duas exposições individuais em 2016. Agradeço também a sua força e o seu apoio para que eu me empenhasse no término deste livro, indicando-me gráficas e editoras para publicá-lo.

Eu não teria desenvolvido a escrita deste livro sem o apoio que recebi do meu colega e amigo Roberto Lucena, que me incentivou quando comentei com ele sobre este projeto e foi, ao longo dos anos, presenteando-me com livros sobre superação e fé.

Agradeço especialmente às amigas Déborah Saraiva e Rafaela Benevides, que concordaram em ler alguns dos meus manuscritos, dando inúmeras sugestões para a forma de abordar os assuntos aqui relatados, e me incentivaram a seguir em frente com esta obra.

Meu *personal trainer*, Igor Palhano, com quem pude discutir muitos capítulos deste livro, além das nossas conversas durante os treinos de condicionamento físico. Destaco também a sua postura, incentivando-me a não desistir de escrever dia após dia. Nossas conversas me ajudaram a entender com maior clareza a pureza do Eduardo e até o seu comportamento disperso em determinadas situações.

Serei eternamente grata à minha irmã, Gisele, a Teca, pelo seu apoio nas minhas horas de grande tristeza e ansiedade, quando recordava, ao lado dela alguns dos momentos do meu passado. Teca, com a sua personalidade expansiva e alegre, sempre conseguia levantar meu astral, dava-me conselhos e força para continuar este meu projeto e até rir das situações vividas.

Sou grata ao professor de artes William Barreto, pela sua paciência em ensinar o mundo das artes para o Eduardo. Obrigada, professor, pelas nossas conversas a respeito da evolução, do desenvolvimento e do crescimento do meu filho nos dois últimos anos de estudo e, ainda, por ter expressado a sua visão referente ao comprometimento do Edu quanto à postura dele na elaboração da pintura.

Agradeço, também, à professora de artes e artista plástica Sandra Amorim, pela dedicação e pelo entusiasmo em suas aulas com o Edu, além de proporcionar ao meu filho passeios a museus e visitação a exposições. Com ela, Eduardo fez visitas de estudo com monitoria à/ao: exposição Coleção Airton Queiroz, na Unifor; Museu Sacro São José de Ribamar, em Aquiraz; História do Ceará na Arte Sacra; Casa José de Alencar; Centro Cultural Dragão do Mar, com visitas constantes ao Museu da Cultura Cearense; Vaqueiros; Museu de Arte Contemporânea do Ceará; exposição "O tempo dos Sonhos – Arte aborígene contemporânea da Austrália", na Caixa Cultural Fortaleza; exposição no Dragão do Mar – Centro de Arte e Cultura – Mano Alencar, entre os traços e a cor etc., ampliando, assim, a sensibilidade, a emoção e o entendimento do Edu para o mundo das artes.

Tenho também a sorte de ter um irmão como o Pedro Henrique, simplesmente Pedro ou PP, doutor em Física, professor da Universidade Estadual de Londrina (PR), e sua esposa, minha cunhada Heliete, mestre em Física, também professora e escritora de livros didáticos de Física. Aos dois, o meu muito obrigada! Vocês compartilharam e vivenciaram comigo muitos capítulos desta história. Vocês formam um casal que contagia a todos e nos inspira. Pedro, além de ser meu irmão, é meu amigo, uma pessoa extremamente culta. Simples, carinhoso e dono de um senso de humor contagiante.

A você, querido irmão, o meu agradecimento especial por sua mente e sensibilidade brilhantes, que compreenderam e entraram nos meus sentimentos, fornecendo inúmeras sugestões para aprimoramento e enriquecimento deste livro. A sua leitura minuciosa e crítica dos meus escritos proporcionou maior exatidão e coerência ao texto. Obrigada por compartilhar comigo a sua *expertise*, como também por sua ajuda em transformar o meu sonho em realidade.

Meu obrigada especial à minha secretária, Mazé, que está conosco há aproximadamente 10 anos e que, por diversas vezes, perguntou-me como estava o andamento do livro, lembrando-me de dar continuidade e de nunca desistir do meu sonho. Sou bastante grata pelo seu carinho e pela sua dedicação para com meus filhos, principalmente, o Eduardo.

Finalmente, agradeço ao meu marido, meu companheiro, meu amigo, meu cúmplice, meu tudo, pela sua discrição e incentivo, procurando não interferir nos relatos dos meus manuscritos. Obrigada por compartilharmos as mesmas preocupações, pelas longas conversas que sempre tivemos sobre a educação e o encaminhamento de nossos filhos para a vida adulta.

Quanto ao Eduardo, nossas conversas se estendiam madrugada adentro porque queríamos compreender melhor a sua forma de ser, o seu comportamento, o seu entendimento de mundo etc., sem ele imaginar, nem eu, que um dia estaria escrevendo alguns dos nossos momentos em um livro.

Não posso deixar de agradecer ao meu gigante filho Felipe, pela sua ajuda, pelo seu apoio e pelo seu incentivo nos meus momentos de tristeza e inquietação diante das circunstâncias que a vida nos impunha. Obrigada, gigante, por toda a sua compreensão e pela dedicação ao seu irmão.

Agradeço, também, ao próprio Eduardo, protagonista desta história, que está sempre ao nosso lado com sua forma peculiar de ser e que me fez conseguir formatar a última parte deste livro, realizada por meio de estatísticas e das mesmas perguntas feitas todos os dias, com o objetivo de fazê-lo mostrar, com as suas respostas, o seu interior, a sua forma de ser, a sua visão a respeito das pessoas e do mundo.

Muito obrigada aos três homens da minha vida, Iram, Eduardo e Felipe, que, juntos, fazem parte da edição da nossa história. Um beijo, meninos!

Por fim, o meu agradecimento especial a todos os meus amigos de estudo, de trabalho, de família e, especialmente, a você, que está lendo esta história sobre a força do amor, a qual desejo que se espalhe pelo mundo, pois creio que poderá ser útil para todos aqueles que no dia a dia lidam com pessoas especiais e acreditam que o importante é nunca desistir. Muito obrigada!

Teresópolis, 31.01.2002

Querida Jacqueline

Paz e bem para todos dessa casa.

Estamos remetendo o livreto que a autora dedica a você e Fram, leia com atenção, vai fazer muito bem e assim tirar algum proveito.
Segue também 2 revistas da TV-Canção Nova, contém bons artigos que aprimoram nosso conhecimento sobre os dons de bens. Caso queira colaborar é só preencher a boleta que está dentro. Colaboração mínima por mês R$ 15,00, vale a pena, assim seus filhos já começam a tomar conhecimento dos ensinamentos de Jesus. Por hoje é só, abraços e beijos em Eduardo e Felipe. Ao Fram abraços, para você beijos e bênçãos do pai e amigo

Marísio

*Aprendi que são os pequenos
acontecimentos
que tornam a vida
espetacular.*

(Mário Quintana ([1906-1994]).

DA JANELA PARA O MUNDO

Querida mãe!
Não se preocupe, eu sempre estarei bem.
No mundo em que vivo tudo conspira para o bem.
Foram 24 anos de lutas, fracassos e vitórias...
Erros e acertos... Amor e gratidão...
Todos, sem exceção, doados a mim.
Você é a minha inspiração.
Você é a luz que ilumina meu caminho.
Você é a paz que tanto preciso para encontrar a saída.
Nasci diferente, mas você não sabia.
Tentou lutar contra isso, mas quem não lutaria?
O tempo se encarregou de nos mostrar a realidade.
Novas rotinas, esperas, novos sonhos, verdades.
Num primeiro momento, sofremos.
Aos poucos fomos entendendo que eu não era doente.
Meu olhar perdido dizia apenas que eu era diferente.
Mas você não se entregou jamais.
Estudou, compreendeu o sentido da minha vida.
Buscou meu bem-estar, minha alegria.
Se desfez de sonhos e vestiu minha fantasia.
Tive escolas, professores, amigos, família.
Fui discriminado, mas sempre me senti amado.
Encontrei na família o alicerce para a aceitação.
Encontrei no Iram a força de um pai.
No Felipe, a importância de um irmão.
E em você, Jack, a segurança que me mantém vivo.
Assim, sigo meus passos.
As cores com que desenho meu futuro
são lindas, cheias de brilho e de esperança.
O quadro de nossas vidas, mãe,
será pintado em meu coração.
Ficará exposto em nossas lembranças
e será assinado assim:
Obrigado por tudo!
Minha vida é uma arte.

Por: Luiz Octávio Arruda Lima

Obras de arte por exposições

E os quadros acontecem...

Eduardo, um artista que brinca sutilmente com as cores e faz da técnica abstrata um mergulho pela transparência das cores que refletem no universo de sua imaginação e que nos permite, por meio de suas pinceladas, viajar no seu mundo, entre suas cores, suas formas e suas linhas. Sendo assim, cada trabalho realizado por Eduardo nos revela a sutileza de um admirável talento.

Sandra Amorim
Artista plástica
Professora de Artes

A arte é a ponte que leva ao espírito e esse tem em si um poder incomensurável que nos faz capaz de tudo. Através desse método de abordar o espírito, o Eduardo tem sido bem sucedido e tem dado significado a sua vida.

William barreto
Artista Plástico
Professor de Artes

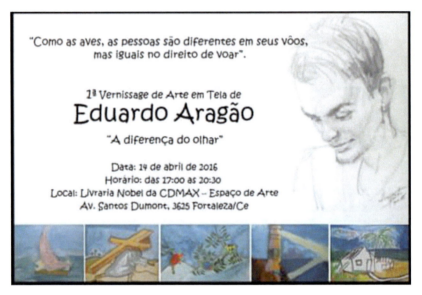

1º Vernissage de Arte em Tela de Eduardo Aragão
Dia: 14 de abril de 2016

Vovô Tarcísio e vovó Mazé, 2015
Acrílica, 30 x 40 cm
Coleção particular – Teresópolis-RJ

Jesus, 2016
Acrílica, 30 x 40 cm
Coleção particular – Brasília-DF

Pintura de garrafas, 2015
Acrílica, 40 x 50 cm
Coleção particular – Teresópolis-RJ

Passarinhos, 2015
Acrílica, 40 x 50 cm
Coleção particular – Fortaleza-CE

Jangadas no Mar, 2015
Acrílica, 40 x 50 cm
Coleção particular – Teresópolis/RJ

Índio, 2015
Acrílica, 30 x 40 cm
Coleção particular – Fortaleza - CE

Estrela, 2015
Acrílica, 30 x 40 cm
Coleção particular – Fortaleza-CE

Eduardo, com sua espontaneidade e simplicidade, transmite em suas obras um sentimento prazeroso, que é a arte de pintar. Confesso ter me surpreendido com seu dom abençoado por Deus e que agora desperta a curiosidade e a admiração de muitos, e me incluo como seu admirador. Parabéns, meu amigo Eduardo. Continue assim, um talento inquieto e espontâneo.

Carlinhos Palhano
Músico e compositor

> **CONVITE**
>
> Convidamos para a 1ª Exposição de quadros dos alunos do prof. William Barreto.
>
> <u>Vernissage:</u>
>
> LOCAL: Café com Palavras (Livraria Nobel da CDMAX), situado na Av. Santos Dumont, n. 3637.
>
> DATA: 16 de agosto de 2016
>
> Hora: 18:30 h.
>
> A exposição permanecerá aberta ao público no periodo de 16 de agosto de 2016 a 16 de setembro de 2016.

1ª Exposição de quadros dos alunos do Prof. William Barreto
Dia: 16 de agosto de 2016

Casarão, 2016
Acrílica, 30 x 40 cm
Galeria Fortaleza-CE

Jarra e Frutas, 2016
Acrílica, 30 x 40 cm
Releitura de August Macke
Coleção particular – Campos do Jordão-SP

Para nós, o êxito do Eduardo como artista plástico foi motivo de muito orgulho e de muita satisfação. Isso porque ele iniciou os primeiros passos em um dos cursos que promovemos semanalmente. Vá em frente, Eduardo. Continuaremos torcendo pelo seu sucesso que, certamente, já está proporcionando muitas alegrias aos seus familiares. Parabéns!

Tarcisio Melo
Livraria Nobel/CD Max – Empresário

2ª Exposição Individual "ARTE EM CORES"
Vernissage: 20 de outubro de 2016, às 17 horas
Local: Livraria Nobel da CD Max - Café com Palavras
Av. Santos Dumont, 3625 - Fortaleza/CE

A exposição permanecerá aberta ao público no período de 20/10/2016 a 20/11/2016

2ª Exposição Individual de Eduardo Aragão

Dias: 20 de outubro de 2016 a 30 de dezembro de 2016

Jesus Cristo Lindo, 2016
Acrílica, 30 x 40 cm
Coleção particular – Fortaleza-CE

Jesus Cristo emocionado, 2016
Acrílica, 30 x 40 cm
Coleção particular – Fortaleza-CE

Lua, Sol e Estrelas, 2016
Acrílica, 80 x 80 cm
Releitura de Van Gogh
Coleção Particular – Fortaleza-CE

Emoção, 2016
Acrílica, 50 x 40 cm
Coleção particular – Fortaleza-CE

Traços Pretos, 2016
Acrílica, 50 x 40 cm
Coleção Particular – Fortaleza-CE

Vermelho, 2016
Acrílica, 50 x 60 cm
Coleção particular – Fortaleza-CE

Ruas, 2016
Acrílica, 50 x 60 cm
Coleção particular – Fortaleza-CE

Amor, 2016
Acrílica, 70 x 50 cm
Coleção particular – Fortaleza-CE

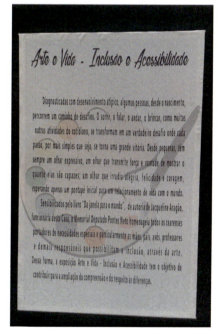

Emoção, 2016
Acrílica, 60 x 60 cm
Coleção particular – Fortaleza-CE

Máscara, 2016
Acrílica, 60 x 60 cm
Coleção particular – Fortaleza-CE

Fogueira – 2016
Acrílica, 60 x 60 cm
Coleção particular – Brasília-DF

Figura amarela, 2016
Acrílica, 30 x 40 cm
Coleção particular – Teresópolis-RJ

Números, 2016
Acrílica, 40 x 50 cm
Coleção Pparticular – Fortaleza-CE

São Francisco, 2016
Acrílica 30 x 40 cm
Galeria – Fortaleza-CE

Não dá para falar de arte sem me lembrar do Eduardo. Edu é um artista completo, que transmite para as telas seus verdadeiros sentimentos.

Déborah Saraiva
Pedagoga
Especialista em Educação Especial

Rosas, 2016
Acrílica, 30 x 40 cm
Coleção particular – Fortaleza-CE

Fui procurado pela amiga Sandra Amorim para comentar a respeito dos trabalhos de um amigo dela, um jovem pintor. Ela enviou-me uma série de bons quadros, em sua maioria obras de abstrações gestuais, as quais me encantaram pela forma equilibrada das cores, ritmo e composição, outras com teor figurativo que também apresentavam a mesma harmonia pictórica. Sem ser crítico de arte, mas também sem poder deixar de lado meus estudos, conhecimentos técnicos e tempo de carreira, percebi que realmente estava diante de boas obras de arte. Aí veio a curiosidade em saber quem era o autor daquelas maravilhas. Ela me falou que era um de seus alunos, o Eduardo Aragão. Em seguida, ela também opinou que muito aprecia os trabalhos que ele faz e de como ele leva a sério essa produção e o gosto e o prazer que o Eduardo tem em fazer e viver seus momentos de arte, seja trabalhando, expondo ou mesmo apreciando arte.

Numa certa tarde, tive o prazer de receber, no meu ateliê, a visita da Sandra, de outra colega professora e do nosso artista, Eduardo. Fiquei realmente convencido do quanto a arte é importante para a vida dele, pois pude perceber como ele estava radiante de felicidade em vivenciar aquele ambiente de arte. Seus olhos brilhavam quando observava obras, materiais, objetos e utensílios. Gostei muito de tê-lo conhecido. Portanto, é um privilégio ter a oportunidade de ver seus quadros.

Obrigado, Eduardo Aragão! Continue com o seu fazer artístico, pois a arte é necessária. Como diz o poeta, "a vida só é bela devido à arte".

Vando Figueirêdo (Artista)

Família Aragão Carvalho (Eduardo, Jacqueline, Felipe e Iram)
Abertura da exposição "Artes em Cores"

> *O passado é uma lição: Aprenda!*
> *O presente é dádiva: viva!*
> *O futuro é motivação: creia!*
> *(autor desconhecido)*